ABKÜRZUNGEN

abh	abheben
abhFH	die M mit dem Faden hinter der Arbeit abheben
abhFV	die M mit dem Faden vor der Arbeit abheben
abk	abketten
Abn	Abnahme(n)
anschl	anschlagen
beg	beginnen
Fa	Farbe
Gr	Größe
Hilfsnd	Hilfsnadel
HinR	Hinreihe = Außenseite
insg	insgesamt
li	links
M	Masche
Nd	Nadel
R	Reihe
Rd	Runde
re	rechts
RückR	Rückreihe = Innenseite
str	stricken
U	Umschlag (den Faden von vorne nach hinten über die rechte Nd legen)
verschr	verschränkt
verschr U	verschränkter U (den Faden von hinten nach vorne über die rechte Nd legen)
wdh	wiederholen
Zun	Zunahme(n)
zus	zusammen
zw	zwischen

KORREKTUREN

Die Korrekturen für die dänische Ausgabe wurden in der deutschen Ausgabe bereits berücksichtigt

VERWENDETE GARNE

Die Informationen zu den Garnen finden Sie unter www.isagerstrik.dk Sie können die Garne und Bücher bei den dort empfohlenen Isager Geschäften in Deutschland kaufen.

DANK

Tausend Dank an Michael Kvium für die Inspiration.
Dank an Anne und Randi – mein treues Dream-Team.
Und ein riesiges Dankeschön an meine Mutter.

INHALT

Abkürzungen, Infos und Dank . . . 2
Vorwort . . . 3

Hintergrundgeräusch . . . 4
Blindverkostung . . . 10
Caesar . . . 18
Die kleinen Grauen . . . 24
Dreadlocks . . . 32
Pinselstrich . . . 40
Grünschmuck . . . 46
Verwirrung . . . 52
Rote Ohren . . . 58
Gewissen . . . 66
Bürokrat . . . 74
Schattenspiel . . . 80
Gedankenblasen . . . 86
Dreieinigkeit . . . 94
Augen im Nacken . . . 102
Offenes Gemüt . . . 110

UNHEIMLICH. SCHÖN. GESTRICKT.

Die Inspiration für ein Strickbuch kann auf merkwürdige Weise entstehen. Ich weiß nie, wo oder wann ein Buch geboren wird. Aber mein Bauchgefühl sagt mir immer, wann eine Idee gut ist.

In Verbindung mit der Ausstellung FOOLS von Michael Kvium im Kunstmuseum ARoS in Aarhus wurden Einladungskarten zur Vernissage gedruckt.
Im Flur meiner Freundin stand eine dieser Karten. Darauf war Kviums Gemälde von einer Frau mit rosafarbenem Darm auf dem Kopf zu sehen. Für eine Millisekunde stand meine Welt still. Man stelle sich vor, dass Kvium ein Porträt von mir gemalt hat: Ich mit Zopfsträngen auf dem Kopf.

Ich wusste, dass dies die Idee für mein nächstes Buch war. Diese fantastischen Bilder betteln geradezu darum, gestrickt zu werden. Aber bevor diese Ideen realisiert werden konnten, galt es noch eine Hürde zu überwinden – ich benötigte die Einwilligung dazu. Und nicht nur, dass ich die Einwilligung brauchte – es ging auch um die Erlaubnis, die Fotos der Gemälde in meinem Buch abzubilden.

Sich von Fotos, Stimmungen, Märchen oder etwas ganz Anderem inspirieren zu lassen – und das in Strick umzusetzen, ist eine große Freude für mich. Ich mag den Rahmen eines Themas – der auch Grenzen vorgibt, aber die Freude nicht mindert.

Ich kann mich von allen möglichen Dingen inspirieren lassen, wenn ich aber im Buch Namen, Zitate oder wie in diesem Fall Malereien wiedergeben möchte, so muss ich zuerst die Erlaubnis dafür einholen.

Und ich habe sie bekommen ...

Viele haben völlig erschrocken ausgesehen, wenn ich erzählt habe, dass ich nach Kvium-Bildern stricke.
Ich hoffe nicht, dass Euch dieses Buch erschreckt. Es soll Freude und Vergnügen mit sich bringen. Ich hoffe, Ihr könnt sowohl das Stricken als auch die Bilder genießen.

Ganz viel Freude dabei

Annette

Michael Kvium ist ein dänischer Maler.
FOOLS war eine Ausstellung mit 250 Porträts im Format 30x30 cm.
Sie wurden zwischen 1990 und 2015 von Michael Kvium gemalt.

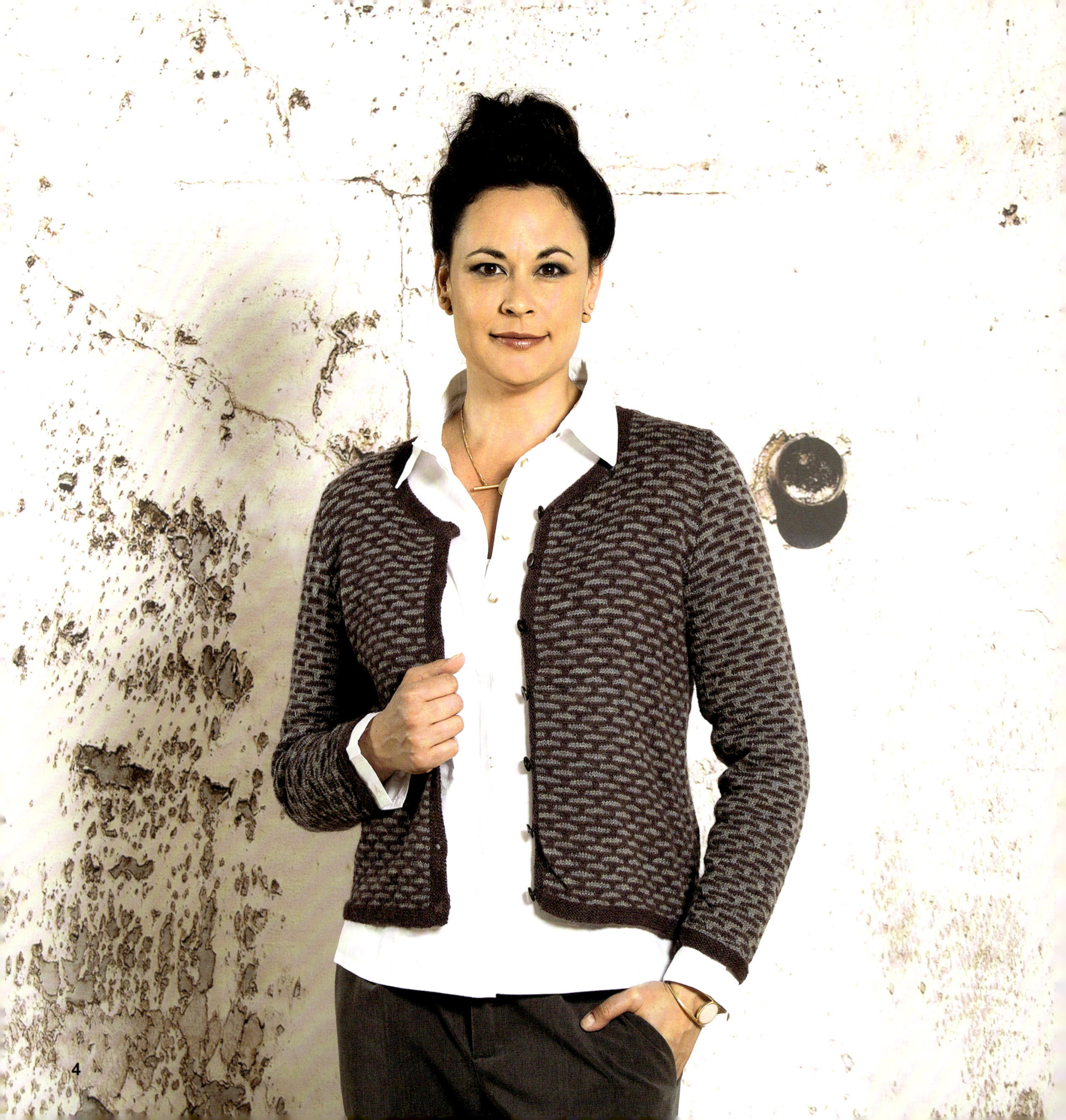

HINTERGRUNDGERÄUSCH

Gr.: S(M)L(XL)

Halbe Oberweite: 47(50)53(57) cm
Länge: 53(54)55(56) cm
Innere Ärmellänge: 42 cm

Material
A: 150(150)150(200)g Isager Tvinni Farbe 60s
B: 150g Isager Highland Farbe Sky

7 Knöpfe

Strumpfnadeln Nr. 3, Rundnadel Nr. 2½ und 3.

Maschenprobe glatt rechts mit Nd Nr. 3 gestrickt: 10 cm = 28 M und 36 R
Maschenprobe im Muster (Körper) mit Nd Nr. 3: 10 cm = 30 M und 42 R

KÖRPER

253(271)289(307) M mit A und Nd Nr. 2½ anschl.
10 R kraus rechts hin und her str.
Erste R = RückR.
Zun in der folgenden RückR str: *9 re – 1 neue re, dafür den Faden zw den M aufnehmen und verschr str*. Von * bis* wdh. Enden mit 10 re = 280(300)320(340) M.

Zu Nd Nr. 3 wechseln.

MUSTER:
Zu B wechseln.
Reihe 1 (HinR): 4 re – *2 M abh, mit dem Faden hinter den M = 2abhFH – 8 re*.
Von * bis * str. Enden mit 2abhFH – 4 re.
Reihe 2: 1 re – 3 li – *2 M abh, mit dem Faden vor den M = 2abhFV – 8 li*.
Von * bis * str. Enden mit 2abhFV – 3 li – 1 re.

Zu A wechseln.
Reihe 3: 280(300)320(340) re.
Reihe 4: 1 re – 278(298)318(338) li – 1 re.

Zu B wechseln.
Reihe 5: 9 re – *2abhFH – 8 re*.
Von * bis * str. Enden mit 1 re.
Reihe 6: 1 re – 8 li – *2abhFV – 8 li*.
Von * bis * str. Enden mit 1 re.

Zu A wechseln.
Reihe 7 und 8: Wie Reihe 3 und 4 str.

Das Muster str, bis der Körper ca. 36 cm misst.
Enden nach Reihe 3 oder Reihe 7 mit A.

Im Muster weiter str.
In der nächsten R (RückR) für die Armausschnitte abk:
67(72)77(82) M str – 6 M abk – 134(144)154(164) M str (die 1. M ist bereits auf der Nd) – 6 M abk – 67(72)77(82) M str (die 1. M ist bereits auf der Nd).
Jedes Teil für sich fertig str.

RECHTES VORDERTEIL

Im Muster weiter str.
Die äußersten M immer re str.

Für den Armauschnitt an der Ärmelseite am Anfang der R abk:
1(1)1(2)-mal 4 M abk = 63(68)73(74) M.
1-mal 3 M abk = 60(65)70(71) M.
2(4)4(4)-mal 2 M abk = 56(57)62(63) M.
4(5)5(6)-mal 1 M abk = 52(52)57(57) M.

8(2)6(2) R str.
Ab Armausschnitt sind insg 24(24)28(28) R gestrickt.
Der Armauschnitt misst ca. 6(6)7(7) cm.

Für den Halsausschnitt abk.
3(3)4(4)-mal 3 M abk = 43(43)45(45) M.
5-mal 2 M abk = 33(33)35(35) M.
6(6)5(5)-mal 1 M abk = 27(27)30(30) M.

20(24)24(28) R str.
Nach einer rechts gestrickten R mit A enden.
Der Armausschnitt misst ca. 17(18)19(20) cm.

Die Fäden abschneiden, die M stilllegen.

LINKES VORDERTEIL

Im Muster weiter str.
Für den Armausschnitt wie am rechten Vorderteil abk.
Mit einer HinR und dem Abketten an der Armseite beg.
Den Halsausschnitt wie am rechten Vorderteil abk.

Nach dem Abketten am Halsausschnitt noch 21(25)25(29) R str.
Genauso wie am rechten Vorderteil enden.
Die Fäden abschneiden, die M stilllegen.

RÜCKEN

Im Muster weiter str.
Mit einer HinR beg.

Für die Armausschnitte abk:
Beidseitig am Anfang der R 1-mal 3 M abk = 128(138)148(158) M.
Beidseitig am Anfang der R 3(5)5(6)-mal 2 M abk = 116(118)128(134) M.
Beidseitig am Anfang der R 6(7)7(10)-mal 1 M abk = 104(104)114(114) M.

42(40)44(40) R str.
Nach 2 R mit B enden.

Die mittleren 50(50)54(54) M im Nacken stilllegen
Für die Schulter 9 R über die ersten 27(27)30(30) M str.
Nach einer R mit A enden.

Die M des rechten Vorderteils wieder auf eine Nd setzen.
Die Schulter zus str und dafür das rechte Vorderteil und den Rücken mit den Außenseiten aneinanderlegen.
Mit A und einer dritten Nd die gegenüberliegenden M beider Nd zus str und gleichzeitig abk.

9 R über die letzten 27(27)30(30) M str.
Nach den mittleren M mit einer HinR beg.
Diese Schulter mit dem linken Vorderteil zus str.

HALSRAND

Die Nackenmaschen wieder auf eine Nd heben.
Aus der Halsrundung M mit A und Nd Nr. 2½ von außen heraus str.
Am rechten Vorderteil beg.
48(51)53(56) M bis zu den Nackenmaschen str.

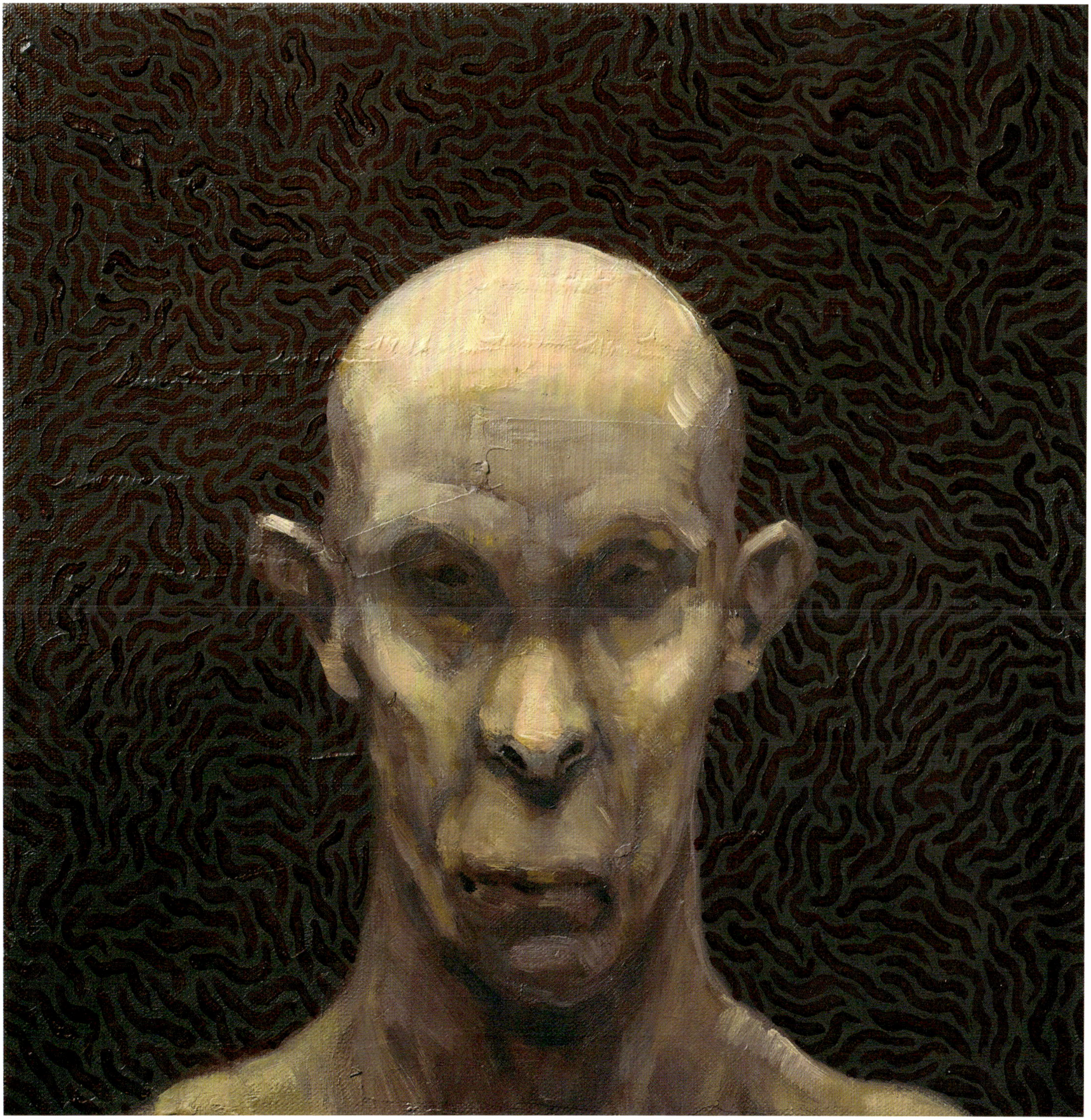

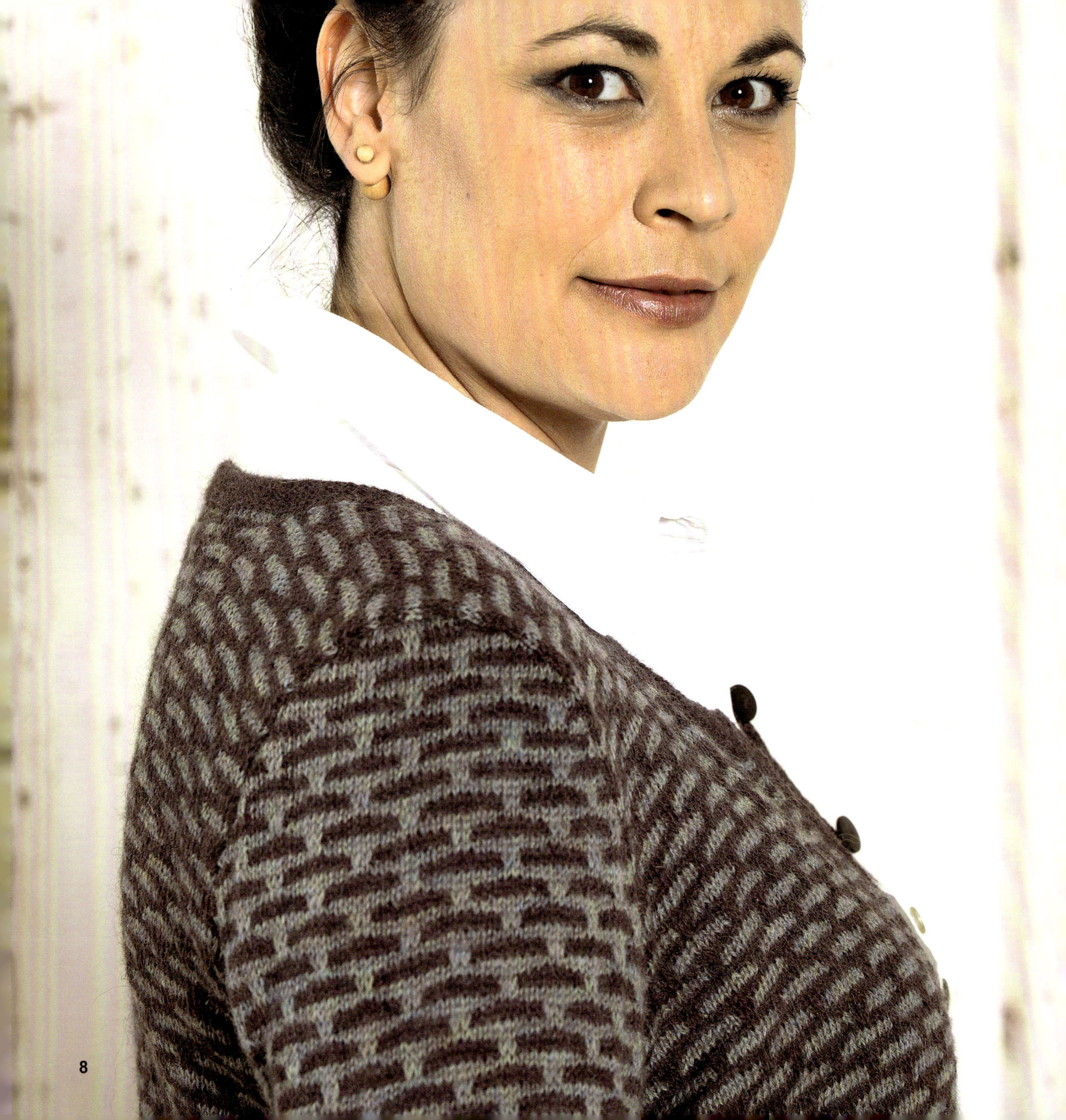

Über die Nackenmaschen str: 4(9)1(6) re – *2 re zus – 8 re*.
Von * bis * wdh. Enden mit 2 re zus – 4(9)1(6) re = 45(46)48(49) M.
48(51)53(56) M aus dem linken Halsrand str = 141(148)154(161) M.

11 R re str.
Von außen abk.

VORDERE RÄNDER

Aus dem linken Vorderrand M mit A und Nd Nr. 2½ von außen heraus str.
6 M aus dem Halsrand str.
112(112)116(116) M aus dem Vorderteil str.
6 M aus dem unteren Rand str = 124(124)128(128) M.

11 R re str.
Von außen abk.

Auf die gleiche Weise die M aus dem rechten Vorderrand heraus str. Am unteren Rand beg.

5 R re str.
In einer HinR Knopflöcher str: 4(4)2(2) re – *2 re zus – 2 neue M anschl – 2 re verschr zus – 15(15)16(16) re*. Von * bis * wdh.
Enden mit 2 re zus – 2 neue anschl – 2 re verschr zus – 2 re.

5 R re str.
Von außen abk.

ÄRMEL

61(61)69(69) M mit Fa A und Nd Nr. 2½ anschl.
11 Reihen re hin und her str.

Die Ärmelfarben sind entgegengesetzt zu den Körperfarben.
Zu B wechseln.
Zu Strumpfnd Nr. 3 wechseln und in Runden str.
Zunahme str: *6 re – 1 neue re, dafür den Faden zw den M aufnehmen und re verschr str*.
Von * bis * wdh.
Enden mit 7(7)3(3) re = 70(70)80(80) M.

1 Rd re str.

Zu A wechseln.
Rd 1 und 2: 4 re – *2abhFH – 8 re*.
Von * bis * wdh. Enden mit 2abhFH – 4 re.

Zu B wechseln.
Rd 3 und 4: 2 Rd re str.

Zu A wechseln.
Rd 5 und 6: 1abhFH – *8 re – 2abhFH *.
Von * bis * wdh. Enden mit 8 re – 1abhFH.

Zu B wechseln.
Rd 7: 1 Rd re str.
Rd 8 mit Zunahme: 1 re – 1 neue re – 68(68)78(78) re – 1 neue re – 1 re = 72(72)82(82) M.

Die neuen M in das Muster einfügen.
Die Zun wdh: In jeder 12.(10.)12.(10.) Rd nach der ersten und vor der letzten M 1 neue M str, bis es 96(100)104(112) M sind.
Weiter str, bis der Ärmel ca. 42 cm misst.
Enden nach 2 R mit A.

Im Muster weiter str.
Den Ärmel für die Armkugel teilen, dafür 3 M am Anfang der R abk. Die R zu Ende str und wenden.
Auch am Anfang der RückR 3 M abk = 90(94)98(106) M.
In Reihen hin und her str.

Beidseitig am Anfang der R 2-mal 2 M abk = 82(86)90(98) M.
Beidseitig am Anfang der R insg 24(26)28(29)-mal 2 M zus str = 34(34)34(40) M.
Beidseitig am Anfang der R 2(2)2(3)-mal 2 M abk = 26(26)26(28) M.
Beidseitig 2-mal 3 M abk = 14(14)14(16) M.
Die letzten M mit B abk.

Den zweiten Ärmel genauso str.

FERTIGSTELLUNG

Die Ärmel vor dem Einnähen mit Nadeln in den Armausschnitt heften. Von außen einnähen.
Die Fäden vernähen und die Knöpfe annähen.

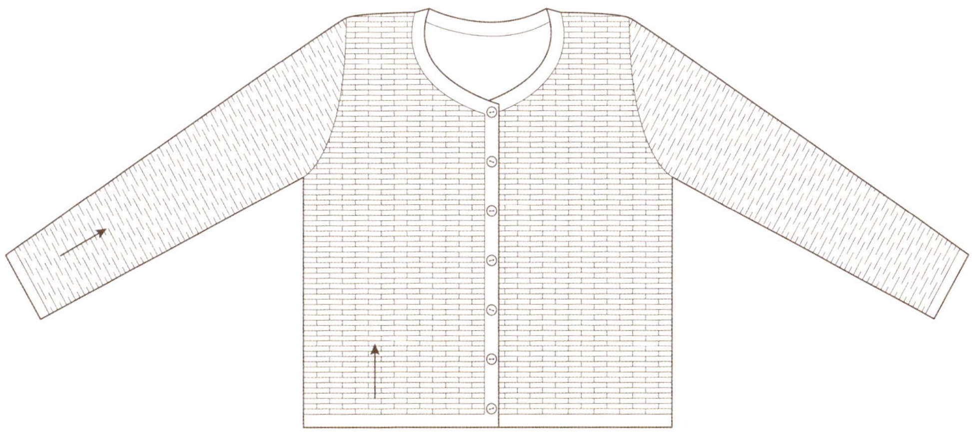

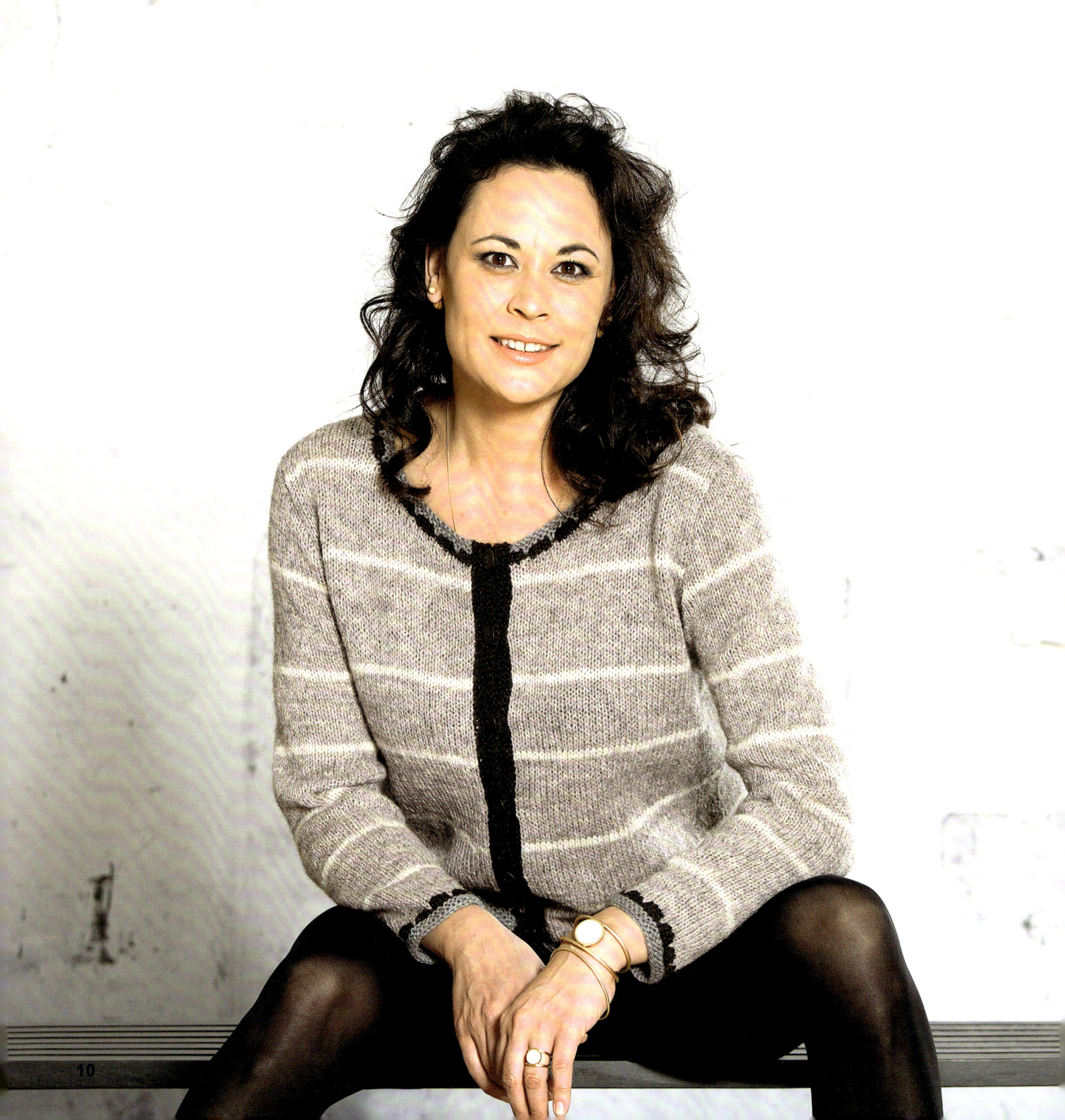

BLINDVERKOSTUNG

Gr.: S(M)L(XL)

Halbe Oberweite: 46(50)54(58) cm
Länge: 54(55)56(56) cm
Innere Ärmellänge: 42 cm

Material
A: 10g Isager Highland Farbe Sky
B: 25g Isager Highland Farbe Chocolate
C: 250(300)300(300)g Isager Jensen Yarn Farbe 61s
D: 50g Isager Tvinni Farbe 6s

7 Knöpfe

Strumpf- und Rundnadeln Nr. 4

Maschenprobe glatt rechts gestrickt: 10 cm = 20 M und 25 R

KÖRPER

183(199)215(231) M mit 2 Fäden A und Nd Nr. 4 anschl.
In Reihen hin und her str.

3 R re str.
Erste R = RückR.
A abschneiden.

Zu 2 Fäden B wechseln.
Reihe 1 (HinR): 183(199)215(231) re.
Reihe 2: 1 re – 2 li – *1 re – 3 li*.
Von * bis * wdh. Enden mit 1 re – 2 li – 1 re.
Reihe 3: Wie Reihe 1.
Reihe 4: 1 re – 181(197)213(229) li – 1 re.
B abschneiden.

Zu 1 Faden C wechseln.
Reihe 5: *3 re – die Nd 3 R tiefer unterhalb der Linksmasche einstechen und diese M re str. Die rechten M aus den R darüber fallen lassen*. Von * bis * wdh. Enden mit 3 re.

Glatt rechts weiter str und dabei die erste und letzte M in allen R re str.
19 R str. Die erste R = RückR li str.

Zu 2 Fäden D wechseln und 2 R str.
D abschneiden.

16 R mit C str.
Zu 2 Fäden D wechseln und 2 R str.
D abschneiden.

20 R glatt rechts mit C str.
Zu 2 Fäden D wechseln und 2 R str.
D abschneiden.

16 R mit C str.
Zu 2 Fäden D wechseln und 2 R str.
D abschneiden.

2 R mit C str.
Die Arbeit misst ca. 34 cm.

Für den Armausschnitt in einer HinR abk:
44(48)52(56) re – 4 M abk – 87(95)103(111) re (die 1. M ist bereits auf der Nd) – 4 M abk – 44(48)52(56) re (die 1. M ist bereits auf der Nd).

Das Vorderteil und den Rücken für sich fertig str.

LINKES VORDERTEIL

Weiter glatt rechts mit C str.
Für den Armausschnitt 2(3)3(3)-mal 2 M abk = 40(42)46(50) M.

Das Abketten wie unten beschrieben fortsetzen, GLEICHZEITIG dabei mit C insg 20 R str.
Einen Streifen mit D str.
Wieder mit C weiter str.
ABKETTEN: 6(6)8(8)-mal 1 M abk = 34(36)38(42) M.
Nach der letzten Abn 5(3)3(3) R str = 2(2)6(6) R nach einem D-Streifen.

Den Halsausschnitt mit verkürzten Reihen formen.
Glatt rechts weiter str und dabei den nächsten D-Streifen bereits 16 R nach dem vorherigen D-Streifen str.

Am Armausschnitt beg:
Reihe 1: 30(32)34(38) M str. Wenden.
Reihe 2: Verschr U – zurück str.
Reihe 3: 27(29)31(35) M str. Wenden.
Reihe 4: Verschr U – zurück str.

Reihe 5: 24(26)28(32) M str. Wenden.
Reihe 6: Verschr U – zurück str.
Reihe 7: 22(24)26(30) M str. Wenden.
Reihe 8: Verschr U – zurück str.

Reihe 9: 20(22)24(28) M str. Wenden.
Reihe 10: Verschr U – zurück str.
Reihe 11: 19(20)22(26) M str. Wenden.
Reihe 12: Verschr U – zurück str.

(Gr. L(XL): Reihe 13-14 mit D str).

Reihe 13: 18(19)21(25) M str. Wenden.
Reihe 14: Verschr U – zurück str.

(Gr. S(M): Reihe 15-16 mit D str).

Reihe 15: 17(18)20(24) M str. Wenden.
Reihe 16: Verschr U – zurück str.

Reihe 17: 16(17)19(23) M str. Wenden.
Reihe 18: Verschr U – zurück str.

Gr. S: 6 R über die restlichen 16 M hin und her str.

Gr. (M)L(XL):
Reihe 19: (16)18(22) M str. Wenden.
Reihe 20: Verschr U – zurück str.

Gr. (M)L: (4)6 R über die restlichen (16)18 M hin und her str.

Gr. (XL):
Reihe 21: (21) M str. Wenden.
Reihe 22: Verschr U. (21) M str.
Reihe 23: (20) M str. Wenden.
Reihe 24: Verschr U. (20) M str.
(6) R über die restlichen 20 M hin und her str.

Alle Gr.:
Ab Ärmelseite für die Schulter abk.
Reihe 1: 6 M abk – die R zu Ende str.
Reihe 2: 10(10)12(14) M str.
Reihe 3: 5(5)6(7) M abk – die R zu Ende str.
Reihe 4: 5(5)6(7) M str.
Die letzten M abk.

Die Halsmaschen stilllegen.

RECHTES VORDERTEIL

Im Muster wie am linken Vorderteil weiter str.
Mit einer RückR beg.
GLEICHZEITIG für den Armausschnitt M am Anfang jeder RückR auf die gleiche Weise wie am linken Vorderteil abk.
Nach der letzten Abn 7(5)5(5) R str = 3(3)7(7) R nach einem D-Streifen.

Den Halsausschnitt mit verkürzten R wie am linken Vorderteil str.
Mit dem D-Streifen muss ein wenig „geschummelt" werden.
Hier beg er in einer RückR 17 R (anstatt 16 R) nach dem vorherigen D-Streifen.

Wie das linke Vorderteil fertig str.

RÜCKEN

Im Muster wie an den Vorderteilen weiter str.
Mit einer RückR beg.
GLEICHZEITIG für die Armausschnitte abk:
Beidseitig am Anfang der R 1(2)2(2)-mal 2 M abk = 83(87)95(103) M.
Beidseitig 9(9)10(10)-mal 1 M abk = 65(69)75(83) M.

Letzte R mit Abnahme = 1(3)5(5) R nach einem D-Streifen.
15(13)11(11) R str.
Den letzten D-Streifen str.

5(7)9(11) R str.

Mit verkürzten Reihen den Nacken formen:
Reihe 1: Ab Armausschnitt 25(25)27(29) M str. Wenden.
Reihe 2: 1 verschr U. 25(25)27(29) M str.
Reihe 3: 6 M abk – 16(16)18(20) M str (die 1. M ist bereits auf der Nd). Wenden.
Reihe 4: Verschr U – zurück str.
Reihe 5: 5(5)6(7) M abk – 8(8)9(10) M str (die 1. M ist bereits auf der Nd). Wenden.

Reihe 6: Verschr U – zurück str.
Reihe 7: 5(5)6(7) M abk. Es sind noch 3 M bis zum letzten Umschlag am Nacken.
Den Faden abschneiden.

Die zweite Seite des Rückens auf die gleiche Weise str.
Mit Reihe 1 an der Armausschnittseite beg.

HALSRAND

Die Schultern von außen zus nähen.

Die M der Vorderteile wieder auf eine Nd heben.
Mit C den Halsrand str. Am rechten Vorderteil beg:
3 re str – die nächste M mit dem U re verschr zus str – 2 re str – die nächste M mit dem U re verschr zus str – 2 re str. Weiterhin alle U mit der vorherigen M re verschr zus str = 18(20)20(22) M.
11(9)10(10) neue M bis zu den Nackenmaschen heraus str.

Über den Nacken str: 3 re – den U mit der nächsten M re zus str – 2 re – den U mit der nächsten M re zus str – 2 re – den U mit der nächsten M re zus str – 13(17)19(23) re – die nächste M mit dem U zus str – 2 re – die nächste M mit dem U zus str – 2 re – die nächste M mit dem U zus str – 3 re = 33(37)39(43) M.
11(9)10(10) neue M bis zum ersten U heraus str.
Die weiteren U mit den nächsten M zus str – 3 re str = 18(20)20(22) M.
Es sind nun insg 91(95)99(107) M.
C abschneiden.

Zu 2 Fäden B wechseln.
Am anderen Ende der Nd mit einer HinR beg.
Reihe 1 (HinR): 91(95)99(107) re.
Reihe 2: 1 re – 2 li – *1 re – 3 li*.
Von * bis * wdh. Enden mit 1 re – 2 li – 1 re.
Reihe 3: 91(95)99(107) re.
Reihe 4: 1 re – 89(93)97(105) li – 1 re.
B abschneiden.

Zu 2 Fäden A wechseln.
Reihe 5: *3 re – die Nd 3 R tiefer unter der Linksmasche einstechen und diese M re str.
Von * bis * wdh. Enden mit 3 re.
2 R re str.
In einer RückR abk.

ÄRMEL

37(41)41(45) M mit 2 Fäden A und Nd Nr. 4 anschl.
3 R re hin und her str.
A abschneiden.

Zu 2 Fäden B wechseln.
Nun mit Strumpfnadeln in Rd str.
Rd 1: 2 re zus – 35(39)39(43) re.
Rd 2: *3 re – 1 li*. Von * bis * wdh.
Rd 3-4: 36(40)40(44) re.
B abschneiden.
Zu C wechseln.
Rd 5: *3 re – die Nd 3 R tiefer unter der Linksmasche einstechen und diese M re str.
Von * bis * wdh. Enden mit 3 re.
Rd 6: 36(40)40(44) re.
Zunahme str: 1 re – 1 neue re, dafür den Faden zw den M aufnehmen und re verschr str – 34(38)38(42) re – 1 neue re – 1 re = 38(42)42(46) M.

Die Zun in jeder 7.(7.)6.(6.) Rd wdh, bis es 64(68)72(76) M sind.
GLEICHZEITIG das Muster mit Streifen weiter str:
Insg. 16 Rd mit C str.
2 Rd mit 2 Fäden D str.
20 Rd mit C str.
2 Rd mit 2 Fäden D str.
16 Rd mit C str.
2 Rd mit 2 Fäden D str.
20 Rd mit C str.
2 Rd mit 2 Fäden D str.
16 Rd mit C str.
2 Rd mit 2 Fäden D str.
2 Rd mit C str.

Der Ärmel misst ca. 42 cm.

Den Ärmel für die Armkugel teilen, dafür 3 M am Anfang der R abk. Die R zu Ende str und wenden.
Auch am Anfang der RückR 3 M abk – die R zu Ende str = 58(62)66(70) M.

In Reihen hin und her str.
Beidseitig 1-mal 2 M abk = 54(58)62(66) M.
Beidseitig 12(13)13(14)-mal 1 M abk = 30(32)36(38) M.
GLEICHZEITIG nach 20 R mit C den letzten Streifen mit D str.

Beidseitig 2(2)3(3)-mal 2 M abk = 22(24)24(26) M.
Beidseitig 2-mal 3 M abk = 10(12)12(14) M.
Die letzten M abk.

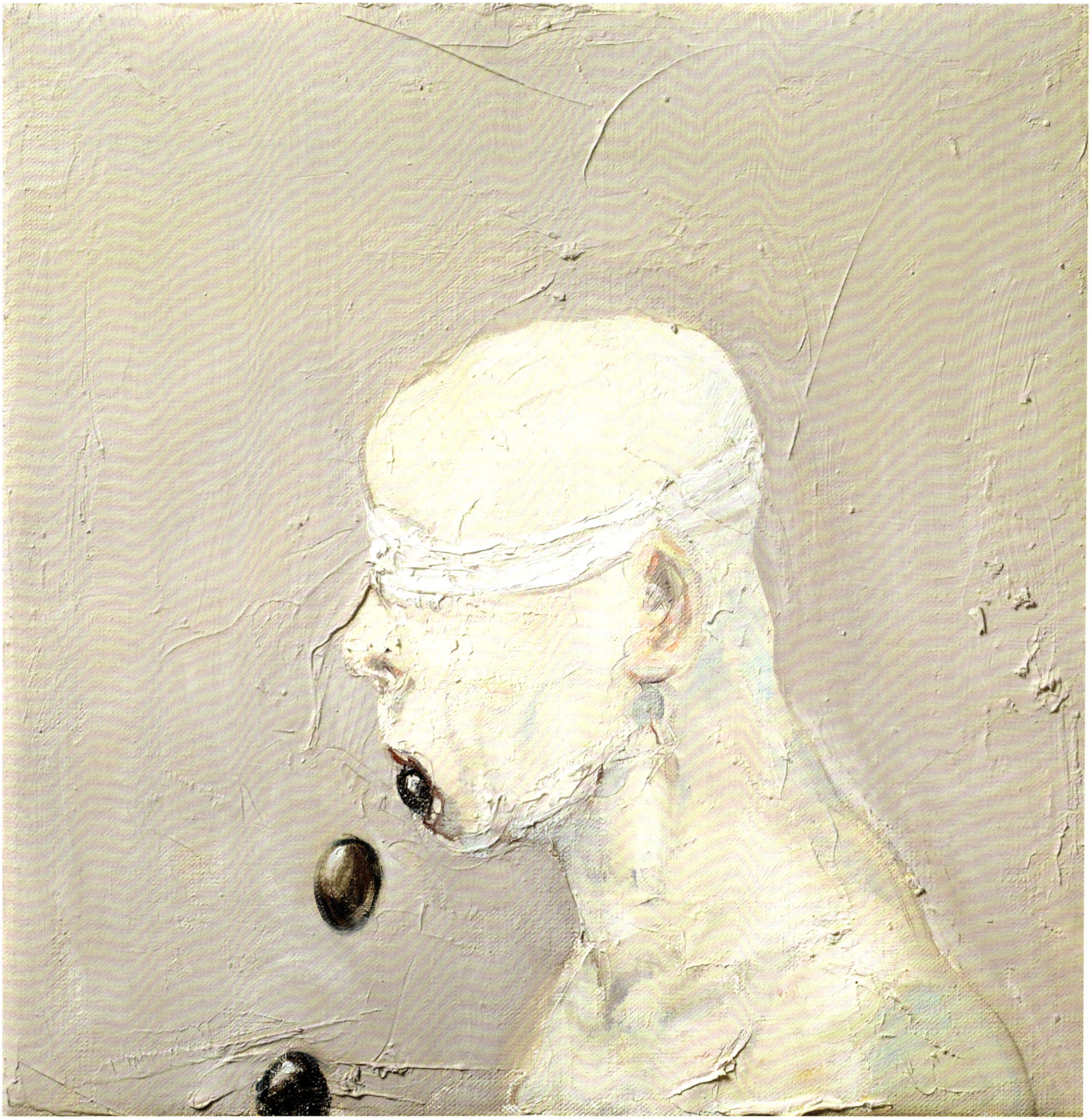

Den zweiten Ärmel genauso str.

RECHTER VORDERRAND

84 M mit 2 Fäden B aus dem rechten Vorderrand heraus str.
3 R re str.
In der HinR Knopflöcher str: 1 re – *2 re zus – 2 neue M anschl – 2 re verschr zus – 9 re*. Von * bis * wdh. Enden mit 2 re zus – 2 neue M anschl – 2 re verschr zus – 1 re.
2 R re str.
In der RückR re abk.

LINKER VORDERRAND

84 M mit 2 Fäden B aus dem linken Vorderrand heraus str.
6 R re str.
In der RückR re abk.

FERTIGSTELLUNG

Vor dem Einnähen die Ärmel mit Nadeln in den Armausschnitt heften. Von außen einnähen.
Die Fäden vernähen.
Die Knöpfe einnähen.

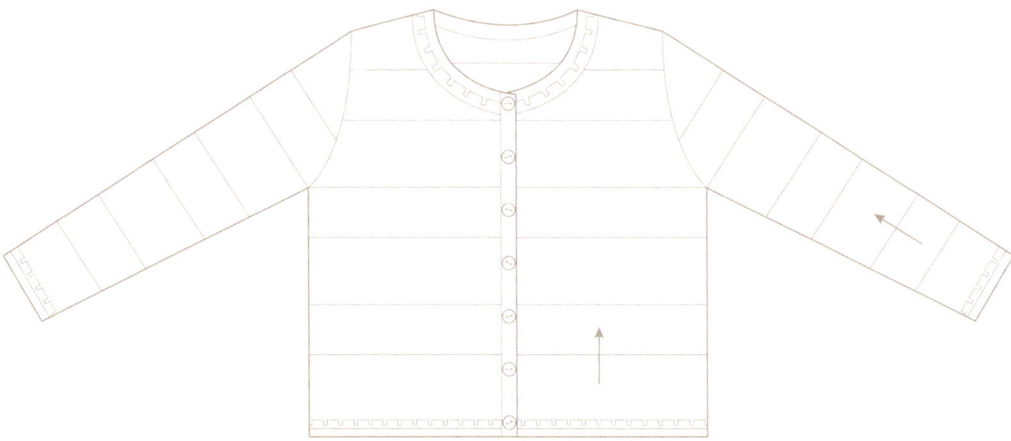

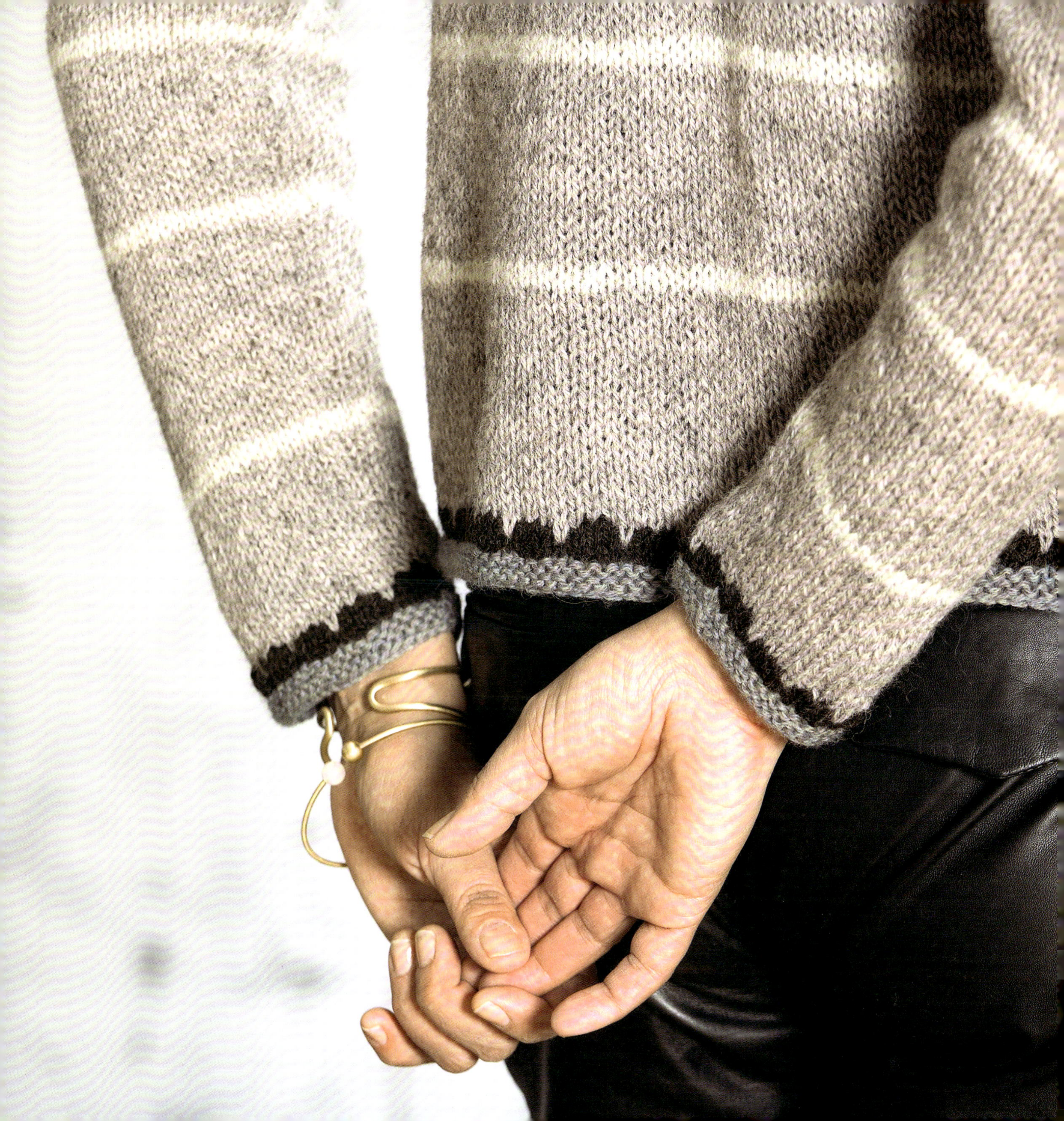

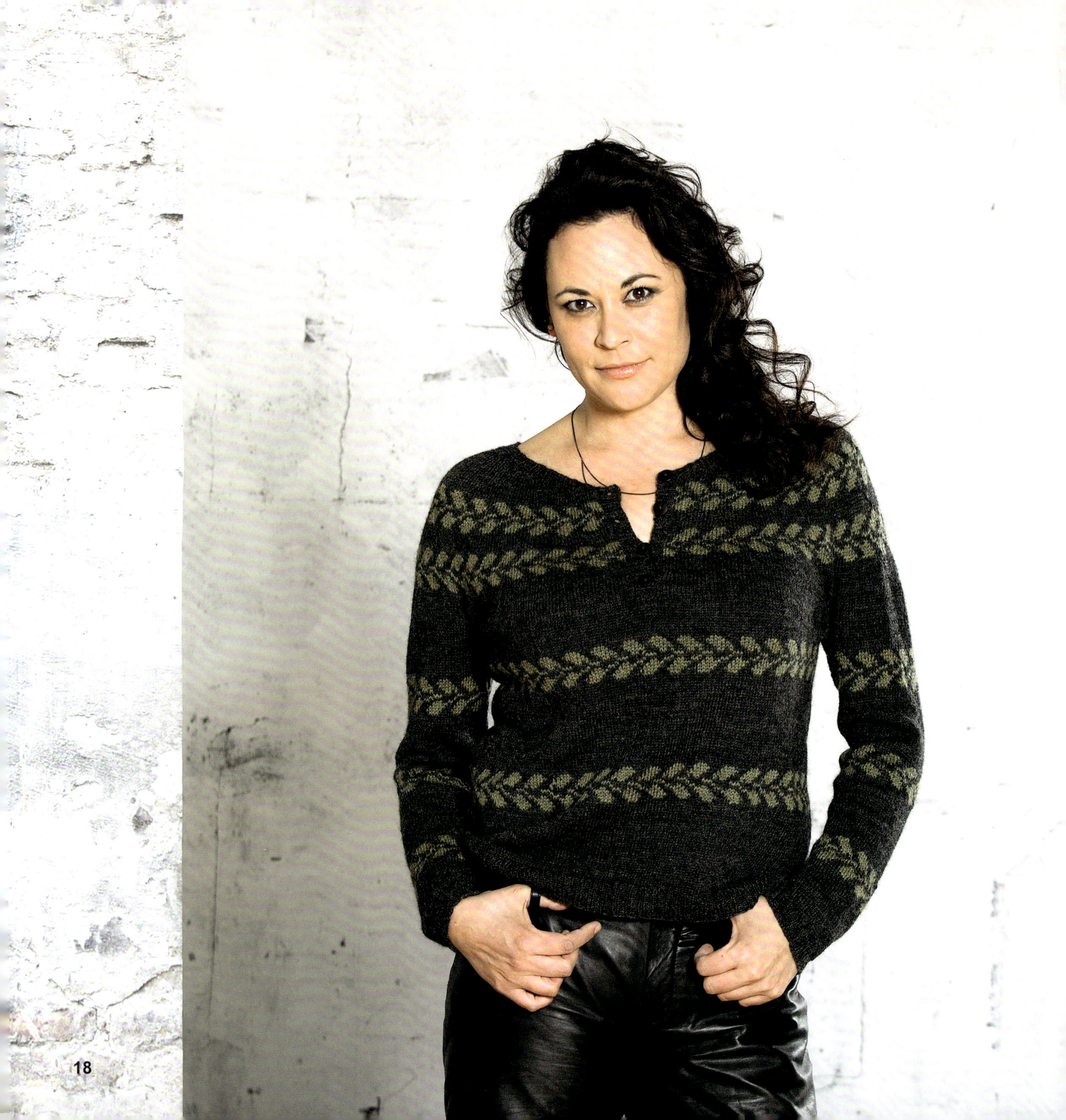

CAESAR

Gr.: S(M)L(XL)

Halbe Oberweite: 48(53)57(61) cm
Länge: 58(58)59(60) cm
Innere Ärmellänge: 45(44)44(43) cm

Material
A: 200(250)250(250)g Isager Highland Farbe Charcoal
B: 50g Isager Highland Farbe Moss

4 Knöpfe

Rund- und Strumpfnadeln Nr. 2½ und 3

Maschenprobe glatt rechts mit Nd Nr. 3 gestrickt: 10 cm = 28 M und 36 R

Der Pullover wird von oben nach unten gestrickt.

PASSE

144(144)156(156) M mit Rundnd 2½ und A anschl.
In Reihen hin und her str.
Reihe 1 (RückR): 3 re – *2 li – 2 re*.
Von * bis * wdh. Enden mit 1 re.
Reihe 2: 1 re – *2 li – 2 re*.
Von * bis * wdh. Enden mit 2 li – 1 re.
Insg 8 R Rippen str.

Zu Nd Nr. 3 wechseln.
Noch einmal Reihe 1 str.

Mit Wendestrick den Ausschnitt formen:
Reihe 1 (HinR): 111(111)117(117) re. Wenden.
Reihe 2: 78 li. Wenden.
Reihe 3 mit 1. Zun: *3 re – 1 neue re, dafür den Faden zw den M aufnehmen und verschr str*.
Von * bis * bis 3 M vor der letzten Wende wdh. 3 re str – 1 neue re in den Zwischenraum (= ZR) zur nächsten M str – 3 re. Wenden.
Reihe 4: 107 li str – 1 neue li in ZR – 3 li. Wenden.
Reihe 5: 111 re – 1 neue re in ZR – 3 re. Wenden.
Reihe 6: 115 li – 1 neue M li verschr in ZR – 3 li. Wenden.

Reihe 7 mit 2. Zun: 3 re – *1 neue re – 4 re*. Von * bis * bis zur letzten Wende wdh. 1 neue re in ZR – 3 re. Wenden.
Reihe 8: 152 li – 1 neue li in ZR – 3 li. Wenden.
Reihe 9: 156 re – 1 neue re in ZR – 3 re. Wenden.
Reihe 10: 160 li – 1 neue li in ZR – 3 li. Wenden.

Reihe 11 mit 3. Zun: 2 re – *1 neue re – 5 re*. Von * bis * bis 2 M vor der letzten Wende wdh. 1 neue re str – 2 re – 1 neue re in ZR – 3 re. Wenden.
Reihe 12: 201 li – 1 neue li in ZR – 3 li. Wenden.
Reihe 13: 205 re – 1 neue re in ZR – 3 re. Wenden.
Reihe 14: 209 li – 1 neue li in ZR – 3 li. Wenden.
Reihe 15: 213 re – 1 neue re in ZR – 3 re. Wenden.
Reihe 16: 217 li – 1 neue li in ZR – 3 li. Wenden.

Reihe 17 mit 4. Zun: 2 re – *1 neue re – 6 re*. Von * bis * bis 3 M vor der letzten Wende wdh. 1 neue re – 3 re – 1 neue re in ZR – 3 re. Wenden.
Reihe 18: 262 li – 1 neue li in ZR – 3 li. Wenden.
Reihe 19: 266 re – 1 neue re in ZR – 3 re. Wenden.
Reihe 20: 270 li – 1 neue li in ZR – 3 li. Wenden.

Gr. S(M):
Reihe 21: 274 re – 1 neue re in ZR – 6 re.
Reihe 22: 1 re – 280 li – 1 neue li in ZR – 5 li – 1 re.
Reihe 23 mit 5. Zun: 25 re – *1 neue re – 14 re*. Von * bis * wdh. Enden mit 11 re.
Reihe 24: 1 re – 304 li – 1 re.

Gr. L(XL):
Reihe 21: 274 re – 1 neue re in ZR – 3 re. Wenden.
Reihe 22: 278 li – 1 neue li in ZR – 3 li. Wenden.
Reihe 23 mit 5. Zun: 8 re – *1 neue re – 14 re*. Von * bis * bis 8 M vor der letzten Wende wdh. 1 neue re – 8 re – 1 neue re in ZR – 9 re.
Reihe 24: 1 re – 311 li – 1 neue li in ZR – 8 li – 1 re.

Alle Gr.:
Es sind insg 306(306)322(322) M.

Laut Diagramm 1 das Laub mit B str.
Die 1. und letzte M sind nicht abgebildet und werden mit beiden Farben re gestrickt.
Nach der letzten Diagrammreihe B abschneiden.
2 R glatt rechts mit A str.
6. Zun: 4(13)3(5) re – *1 neue re – 11(9)9(8) re*. Von * bis * wdh. Enden mit 1 neue re – 5(14)4(5) re = 334(338)358(362) M.
5 R glatt rechts mit A str.

7. Zun: 5(14)4(6) re – *1 neue re – 12(10)10(9) re*. Von * bis * wdh. Enden mit 1 neue re – 5(14)4(5) re = 362(370)394(402) M.
1 R glatt mit A str.

Laut Diagramm 2 das Laub mit B str.
Danach B abschneiden.

2 R glatt rechts mit A str.
8. Zun: 5(14)4(6) re – *1 neue re – 13(11)11(10) re*. Von * bis * wdh. Enden mit 1 neue re – 6(15)5(6) re = 390(402)430(442) M.
3(5)5(7) R glatt rechts mit A str.
Gr. S: Bei KÖRPER weiterlesen.

Gr. (M)L(XL):
9. Zun: (5)13(7) re – *1 neue re – (17)13(11) re*. Von * bis * wdh. Enden mit 1 neue re – (6)14(6) re = (426)462(482) M.
(3)3(5) R glatt rechts mit A str.

KÖRPER

Die M nun in einer HinR auf Körper und Ärmel verteilen:
61(66)71(76) re str (Vorderteil) – 74(82)90(90) Ärmelmaschen stilllegen – 12(14)16(18) neue M in Verlängerung des Vorderteils anschl – 120(130)140(150) re str (Rücken) – die nächsten 74(82)90(90) M stilllegen - 12(14)16(18) neue M in Verlängerung des Rückens anschl - 61(66)71(76) re str (Vorderteil).
Es sind nun 266(290)314(338) Körpermaschen.

Es sind 7(13)13(17) R laut Diagramm 2 gestrickt.
Weitere 14(8)8(4) R str = 21 Diagramm-Reihen.

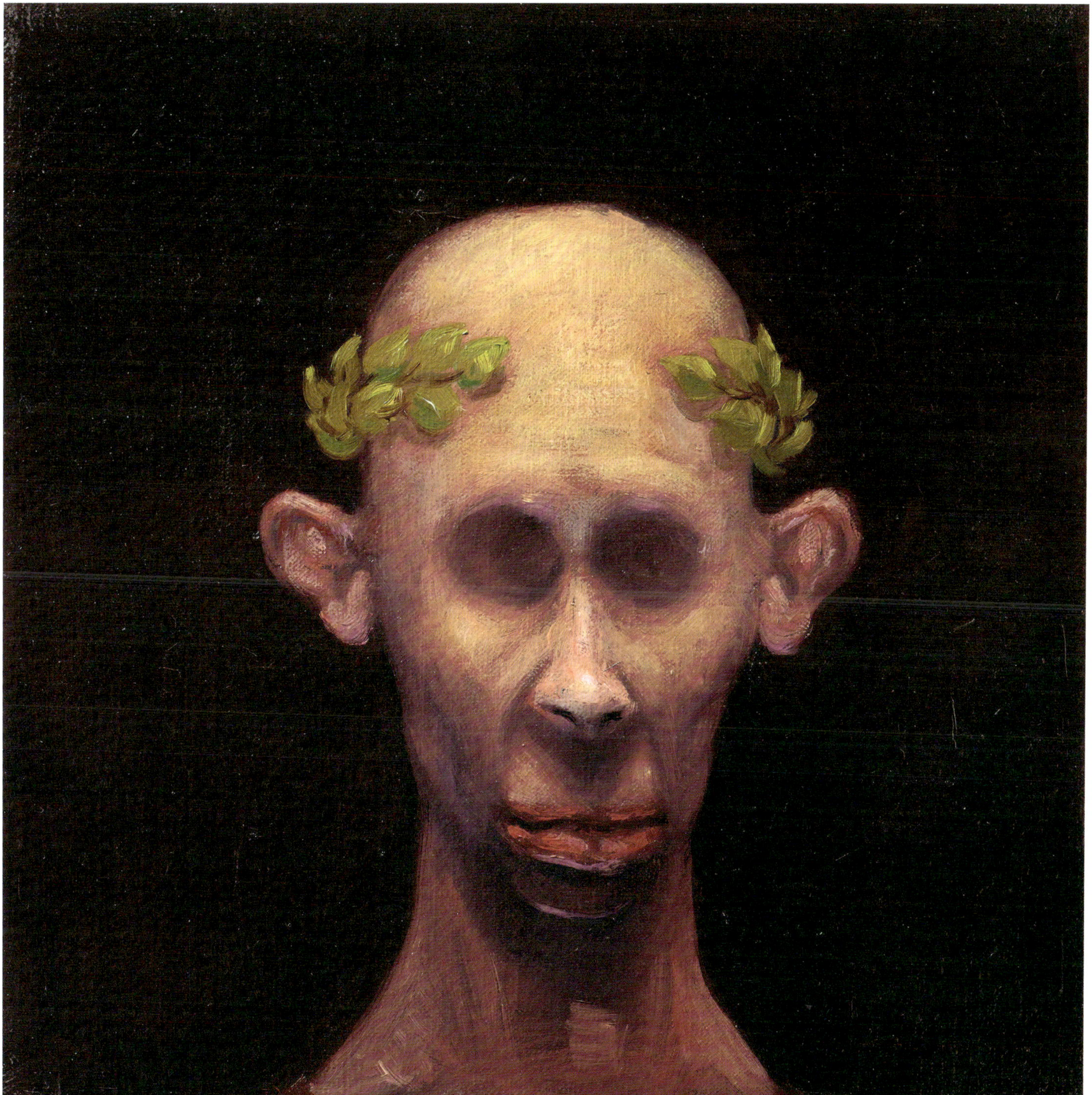

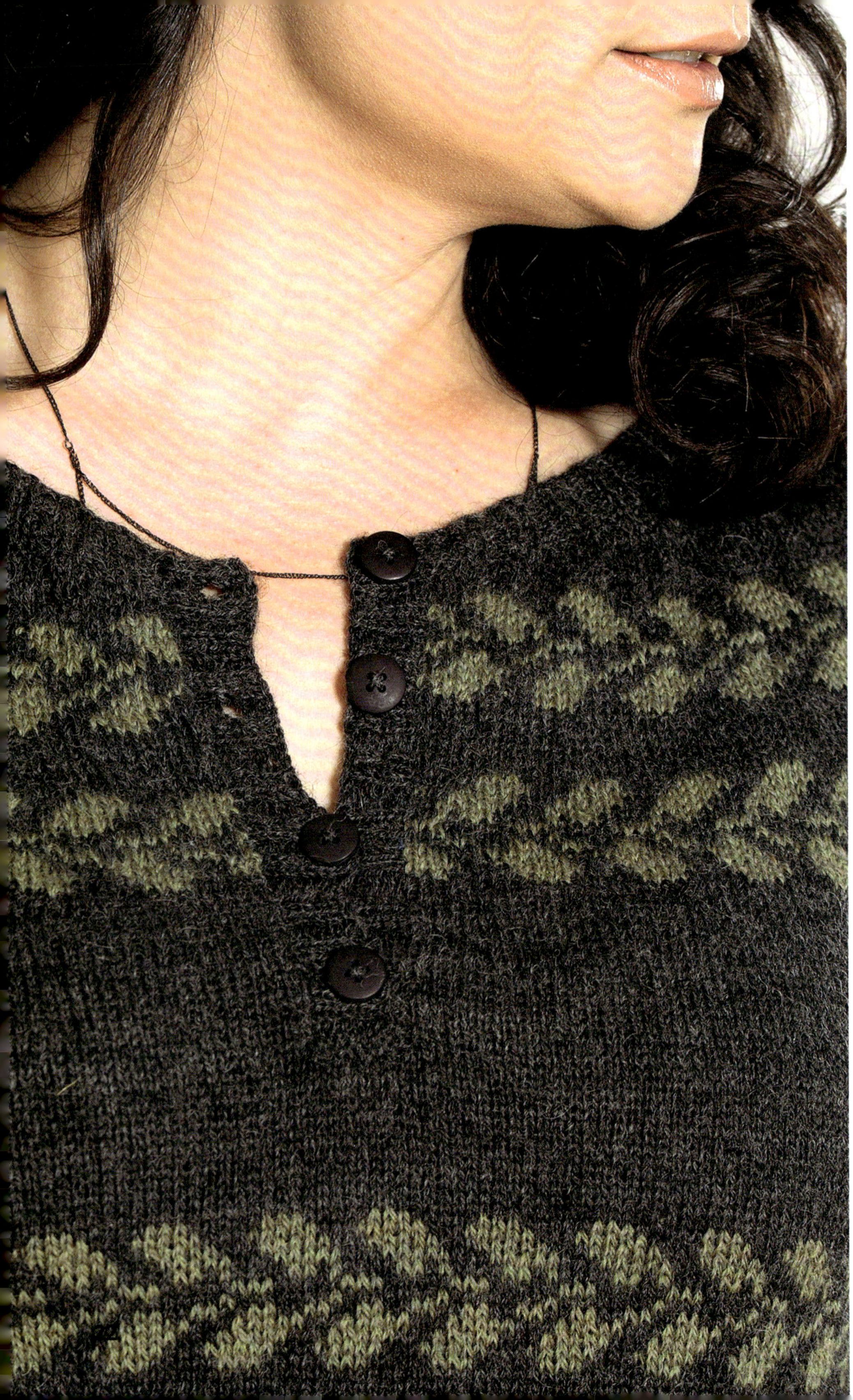

Die letzte R ist eine HinR.
6 M in Verlängerung der R anschl – nun in Rd weiter über die 61(66)71(76) linken Vorderteilmaschen str – 6(7)8(9) M der neu angeschlagenen M unter dem Ärmel str.
Eine Markierung setzten = neuer Rundenbeginn.

13 Rd re über alle 272(296)320(344) Körpermaschen str = 34 Diagramm-Reihen.

Laut Diagramm 1 das Laub mit B str.
Danach B abschneiden.

34 Rd re mit A str.
Laut Diagramm 2 das Laub mit B str.
Danach B abschneiden.

38 Rd re mit A str.

Zu Rundnadel Nr. 2½ wechseln.
13 Rd Rippen str: *2 re – 2 li. Von * bis * wdh.
In Rippen locker abk.

ÄRMEL

Die Ärmelmaschen auf eine kurze Nd Nr. 3 heben.
Mit Farbe A str.
14(14)16(18) neue M aus den angeschlagenen M am Armausschnitt str – 1 M aus dem Übergang str – die 74(82)90(90) stillgelegten Ärmelmaschen re str – 1 M aus dem Übergang str = 90(98)108(110) M.
7(7)8(9) M str.
Eine Markierung setzten – dies ist der Rundenbeginn.

In Runden str.
Zu Strumpfnd wechseln, sobald dies nötig wird.

20(14)10(5) Rd re str.
Abn str: 1 re – 2 re zus – re bis zu den 3 letzten M str – 2 re verschr zus – 1 re = 88(96)106(108) M.

5(5)8(4) Rd re str.

Gr. L(XL):
Abn wie zuvor str = 104(106) M.

Gr. (XL):
4 Rd re str.
Abn wie zuvor str = 104 M.

Alle Gr.:
Laut Diagramm 1 das Laub mit B str.
Danach B abschneiden.

Abn str = 86(94)102(102) M.
Die Abn in jeder 11.(5.)5.(5.) Rd wdh, bis es 80(84)92(92) M sind.

Gr. (M)L(XL):
Die Abn in jeder 4. Rd wdh, bis es (80)88(88) M sind.

Alle Gr.:
Es sind nun 34 Diagramm-Reihen re gestrickt.

Laut Diagramm 2 das Laub mit B str.
Danach B abschneiden.

Abn str = 78(78)86(86) M.
Die Abn in jeder 11. Rd wdh, bis es 72(72)80(80) M sind.

Es sind nun 34 Diagramm-Reihen re gestrickt.

Laut Diagramm 1 das Laub mit B str.
Danach B abschneiden.

Abn str = 70(70)78(78) M.
Die Abn in jeder 8. Rd wdh, bis es 64(64)72(72) M sind.

Zu Strumpfnadeln Nr. 2½ wechseln.
9 Rd mit Rippen str: *2 re – 2 li*. Von * bis * wdh.
In Rippen abk.

Den zweiten Ärmel genauso str.

SCHLITZÖFFNUNG

Am linken Vorderteil 46 M mit Nd Nr. 2½ und A von außen aus dem Schlitz str.
Reihe 1 (RückR): 3 re – *2 li – 2 re*. Von * bis * wdh. Enden mit 2 li – 1 re.
Reihe 2: 3 re – *2 li – 2 re*. Von * bis * wdh. Enden mit 2 li – 1 re.

Insg 8 R Rippen str.
In einer RückR locker im Rippenmuster abk.

Am rechten Vorderteil ebenfalls 46 M von außen aus dem Schlitz str.
Reihe 1 (RückR): 1 re – *2 li – 2 re*. Von * bis * wdh. Enden mit 2 li – 3 re.
Reihe 2: 1 re – *2 li – 2 re*. Von * bis * wdh. Enden mit 2 li – 3 re.
Insg 4 R mit Rippen str.

In der RückR Knopflöcher str: 1 re – 1 li – *2 li zus – 2 M anschl – 2 li zus – 8 M in Rippen*. Von * bis * wdh. Enden mit 2 li zus – 2 M anschl – 2 li zus – 4 M in Rippen.
Noch 3 R mit Rippen str.
In einer RückR locker in Rippen abk.

FERTIGSTELLUNG

Die Rippenbündchen unten an die Schlitzöffnung nähen.
Der rechte Rand mit den Knopflöchern liegt obenauf.
Die Fäden vernähen und die Knöpfe annähen.

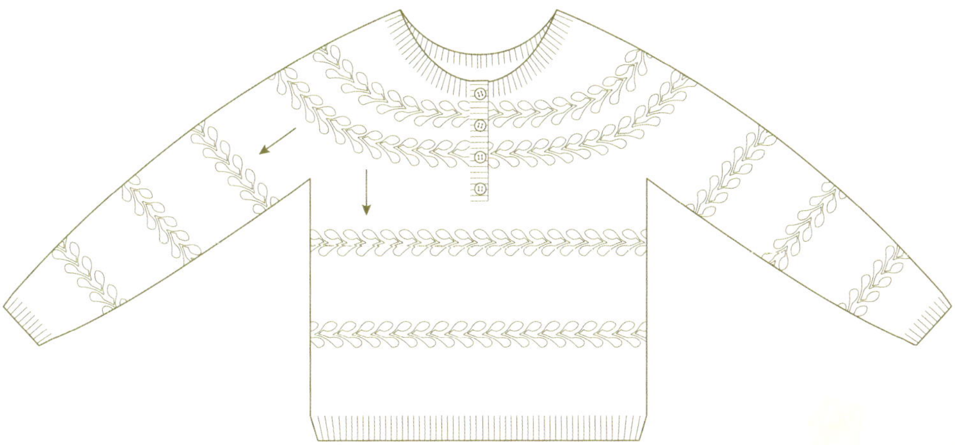

DIAGRAMM 1

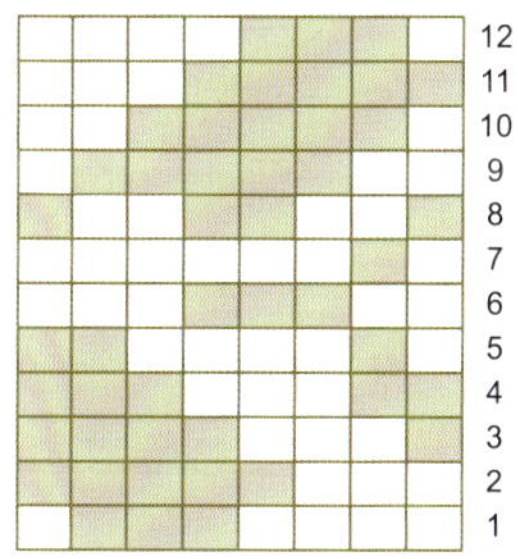

DIAGRAMM 2

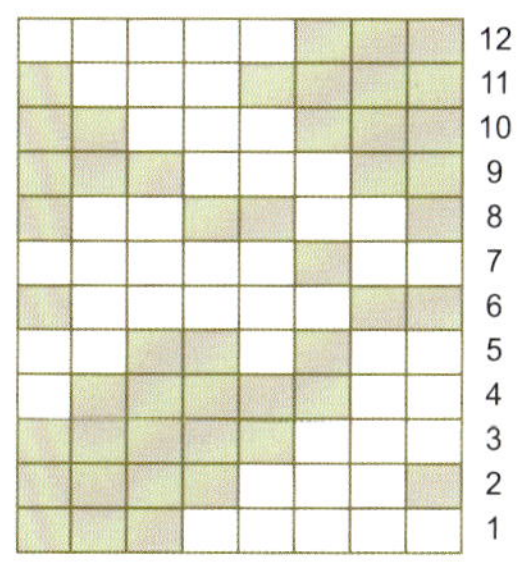

= A: Isager Highland Farbe Charcoal

= B: Isager Highland Farbe Moss

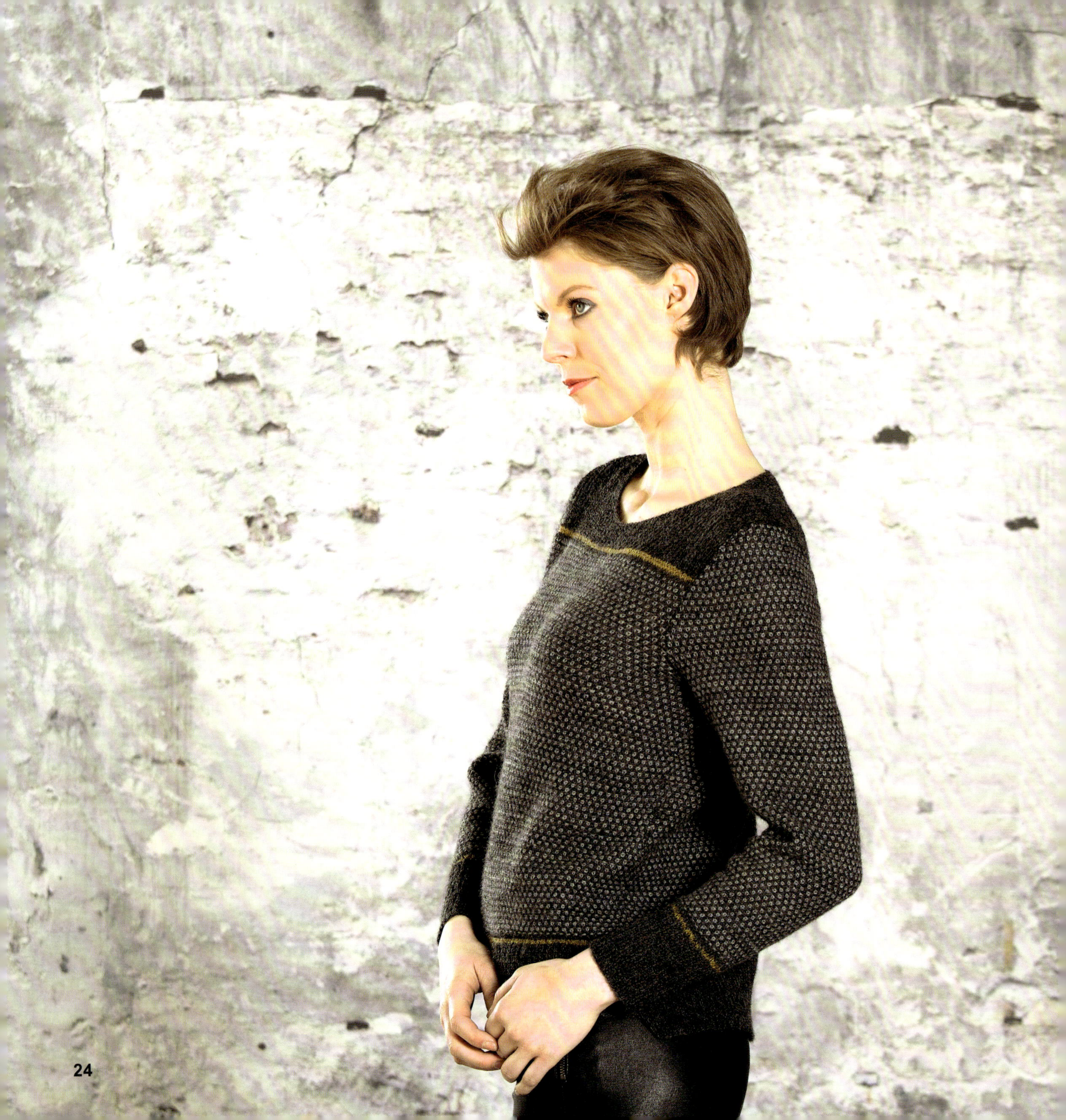

DIE KLEINEN GRAUEN

Gr.: S(M)L(XL)

Halbe Oberweite: 46(50)54(58) cm
Länge des Vorderteils: 56(56)58(58) cm
Innere Ärmellänge: 42 cm

Material
A = 200(200)200(250)g Isager Highland Farbe Charcoal
B = 100g Isager Highland Farbe Sky
C = 10g Isager Highland Farbe Curry

Rundnadeln Nr. 3 und 4

Maschenprobe glatt rechts mit Nd Nr. 3 gestrickt: 10 cm = 28 M und 36 R
Maschenprobe im Muster mit Nd Nr. 4: 10 cm = 27 M und 48 R

VORDERTEIL

127(137)147(157) M mit Nd Nr. 3 und A anschl.
In Reihen hin und her str.
Reihe 1 (RückR): *1 re – 1 li*. Von * bis * wdh. Enden mit 1 re.
Reihe 2: 127(137)147(157) re.
Die Reihen 1-2 wdh, bis die Arbeit 7 cm misst.
Mit einer RückR enden.
Die M stilllegen.

RÜCKEN

Wie das Vorderteil str, bis die Arbeit 9 cm misst.
Mit einer RückR enden.

KÖRPER

Das Vorderteil wieder auf die Nd heben.
Rücken und Vorderteil mit C in einer HinR zur Runde schließen.
Über die Rückenmaschen str: 2 re zus – 123(133)143(153) re – 2 re zus – weiter über die Vorderteilmaschen str: 2 re zus – 125(135)145(155) re = 251(271)291(311) M.

1 Rd re str.
C abschneiden.

Zu A wechseln:
1 Rd re str.
Zu Nd Nr. 4 wechseln und noch 1 Rd re str.

1abhFV = 1 M abheben, mit dem Faden vor der Masche, sodass der Faden sichtbar auf der Außenseite liegt.

MUSTER
Mit A.
Rd 1: *1 re – 1abhFV*. Von * bis * wdh. Enden mit 1 re.
Rd 2: *1abhFV – 1 re*. Von * bis * wdh. Enden mit 1abhFV.
Mit B.
Rd 3: *1 re – 1abhFV *. Von * bis * wdh. Enden mit 1 re.

Mit A.
Rd 4: *1abhFV – 1 re*. Von * bis * wdh. Enden mit 1abhFV.
Rd 5: *1 re – 1abhFV *. Von * bis * wdh. Enden mit 1 re.

Mit B.
Rd 6: *1abhFV – 1 re*. Von * bis * wdh. Enden mit 1abhFV.

Die Runden 1-6 wdh, bis die Arbeit nach dem Zusammenstricken ca. 30 cm misst. Enden nach einer Rd mit B.
B abschneiden.

Für den Armausschnitt in den nächsten 2 Rd abk:
248(266)286(305) M im Muster str – 6(10)10(12) M abk.
Dies geht über den Rundenbegin hinaus.
119(125)135(143) M im Muster str (die erste M ist bereits auf der Nd) – 7(11)11(13) M abk – 119(125)135(143) M im Muster str (die erste M ist bereits auf der Nd und die letzte M re str).

Die Rückenmaschen stilllegen.

VORDERTEIL

Über das Vorderteil in Reihen hin und her und im Muster weiter str.
In den RückR das Muster wie folgt str: 1 li - 1 M abh, mit dem Faden hinter den M, sodass der Faden immer auf der Außenseite sichtbar ist.

An jeder Seite Abnahmen für den Armausschnitt str:
Reihe 1 mit B (RückR): 2 re zus str – im Muster bis zu den 2 letzten M str – 2 re zus.
Reihe 2 mit A (ebenfalls eine RückR): 2 re zus str – im Muster bis zu den 2 letzten M str – 2 re zus.

Reihe 3 mit A (HinR): 2 re zus str – im Muster bis zu den 2 letzten M str – 2 re zus.

Reihe 4 mit B (ebenfalls eine HinR): 2 re zus str – im Muster bis zu den 2 letzten M str – 2 re zus.

Reihe 5 mit A (RückR): 2 re zus – im Muster bis zu den 2 letzten M str – 2 re zus.

Reihe 6 mit A (HinR): 2 re zus – im Muster bis zu den 2 letzten M str – 2 re zus.

Das Muster mit den Abn an den Seiten wdh, bis 12(12)18(18) R gestrickt sind = 95(101)99(107) M.

Nun die Abnahmen nur in den B-Reihen str.
In den A-Reihen die erste und letzte M re str.
Die Abn mit B insg 4(6)4(6)-mal str = 87(89)91(95) M.

Nach der letzten Abn noch 20(14)20(14) R str.
Alle R beg und enden mit 1 re.
Die letzte R ist eine HinR mit A.
B abschneiden.

Zu Nd Nr. 3 wechseln.
Eine RückR li str, erste und letzte M dabei re str.

Zu C wechseln.
2 R glatt rechts str, erste und letzte M immer re str.
C abschneiden.

Zu A wechseln.
Reihe 1 (HinR): 87(89)91(95) re.
Reihe 2: *1 re – 1 li*. Von * bis * wdh. Enden mit 1 re.

Die Reihen 1-2 wdh, bis insg 6 R gestrickt sind.

Nun den Halsausschnitt mit verkürzten Reihen formen.
Im Rippenmuster weiter str.
Reihe 1: 39(39)39(41) M str. Wenden.
Reihe 2: Verschr U um die rechte Nd – zurück str.
Reihe 3: 36(36)36(38) M str. Wenden.
Reihe 4: Verschr U – zurück str.
Reihe 5: 33(33)33(35) M str. Wenden.
Reihe 6: Verschr U – zurück str.
Reihe 7: 30(30)30(32) M str. Wenden.
Reihe 8: Verschr U – zurück str.

Nun insg 4-mal 2 M + Umschlag vor der letzten Wende wenden = 22(22)22(24) M in der RückR.

Danach insg 3-mal 1 M + Umschlag vor der letzten Wende wenden = 19(19)19(21) M in der RückR.

6 R über die 19(19)19(21) M str.
Den Faden abschneiden.
Die M stilllegen.

Auf der gegenüberliegenden Seite mit verkürzten Reihen in gleicher Weise str.
Mit einer RückR beg.
In den RückR alle M li str.
In den HinR in Rippen str.

RÜCKEN

Die M wieder auf die Nd heben.
Mit einer RückR in B beg – danach mit A ebenfalls eine RückR str.
GLEICHZEITIG Abn wie am Anfang des Vorderteils str, bis 6(6)12(12) R gestrickt sind = 107(113)111(119) M.

Danach die Abn insg 10(12)10(12)-mal nur in den B-Reihen str = 87(89)91(95) M.

Nach der letzten Abn noch 8(2)8(2) R str.
Die letzte R ist eine HinR mit A.
B abschneiden.

Zu Nd Nr. 3 wechseln.
1 RückR li str, erste und letzte M dabei re str.

Zu C wechseln.
2 R glatt rechts str, erste und letzte M immer re str.
C abschneiden.

Zu A wechseln.
Reihe 1 (HinR): 87(89)91(95) re.
Reihe 2: *1 re – 1 li*. Von* bis * wdh. Enden mit 1 re.
Die Reihen 1-2 wdh, bis insg 28 R gestrickt sind.
Mit einer RückR enden.

Die Nackenrundung mit verkürzten Reihen formen.
Im Rippenmuster weiter str.
Reihe 1: 29(29)29(31) M str. Wenden.
Reihe 2: Verschr U um die rechte Nd legen – zurück str.
Reihe 3: 24(24)24(26) M str. Wenden.
Reihe 4: Verschr U – zurück str.
Reihe 5: 19(19)19(21) M str. Wenden.
Reihe 6: KEINEN verschr U – zurück str.

Die Schultermaschen des entsprechenden Vorderteils wieder auf die Nd heben.
Die Schulter zus str: Die Schultermaschen beider Teile mit den Außenseiten aneinanderlegen.
Mit einer dritten Nd die gegenüber liegenden M beider Nd zus str und gleichzeitig dabei abk.

An der zweiten Schulter auch verkürzte Reihen str.
In einer RückR beg.
In den RückR alle M li str.
In den HinR in Rippen str.

Die Schulter wie an der anderen Seite zus str.

ÄRMEL

55(57)61(63) M mit Farbe A und Nd Nr. 3 anschl.
In Reihen hin und her str.

Reihe 1 (RückR): *1 re – 1 li*. Von * bis * wdh. Enden mit 1 re.
Reihe 2: 55(57)61(63) re.
Die Reihen 1-2 wdh, bis die Arbeit 9 cm misst.
Mit einer RückR enden.

Zu C wechseln.
2 R glatt rechts str, erste und letzte M immer re str.
C abschneiden.

Zu A wechseln:
Zu Strumpfnadeln Nr. 4 wechseln und in Runden str.
Zunahme str: 6(3)8(6) re – *1 neue re, dafür den Faden zw den M aufnehmen und verschr str – 4(4)3(3) re*.
Von * bis * wdh. Enden mit 1 neue re – 5(2)8(6) re = 67(71)77(81) M.

1 Rd re str.

Die Runden 1-6 wie am Körper str.
Insg 12 Rd im Muster str.

Den Rundenbeginn markieren. Das ist sehr wichtig, damit der Rundenbeginn nicht „verrutscht".

Zunahme str: 2 M aus der ersten M str, dafür erst 1 M aus dem vorderen und dann 1 M aus dem hinteren Maschenbogen str – *1abhFV – 1 re*. Von * bis * wdh. Enden mit 1abhFV – 2 M aus der letzten Masche str = 69(73)79(83) M.

11 Rd im Muster str. Die neuen M in das Muster einfügen.

Zunahmen str: 2 M aus der ersten M str – *1 re – 1abhFV*.
Von * bis * wdh. Enden mit 1 re – 2 M aus der letzten Masche str = 71(75)81(85) M.

Die Zun in jeder 12. Rd wdh, bis es 91(95)101(105) M sind.
Den Ärmel weiter str, bis er ca. 42 cm misst.
Nach einer B-Reihe enden.

Im Muster weiter str.
Den Ärmel für die Armkugel teilen, dafür 1(1)2(2) M am Anfang der R abk. Die Rd zu Ende str – die letzte M re str. Wenden.
In der RückR ebenfalls 1(1)2(2) M abk - die R zu Ende str. Die letzte M re str = 89(93)97(101) M.

In Reihen hin und her wie beim Armauschnitt am Körper str.
An der Seite, an der die Fäden hängen, mit einer HinR in B beg.
3 R mit Abn in jeder R str, dafür die 2 ersten und die 2 letzten M re zus str = 83(87)91(95) M.

Dann insg 15(16)17(18)-mal diese Abn nur in den B-Reihen str = 53(55)57(59) M.
In den A-Reihen die erste und letzte M re str.
Nach der letzten Abn 2 R mit A str.

18 R wieder mit Abn in jeder R str = 17(19)21(23) M.
In einer HinR mit A re abk.

Den zweiten Ärmel genauso str.

HALSRAND

Mit A und Nd Nr. 3 rund um den Halsausschnitt str.

An der linken Schulternaht beg:
5(6)7(7) M bis zum ersten U heraus str – U mit der nächsten M re zus str.

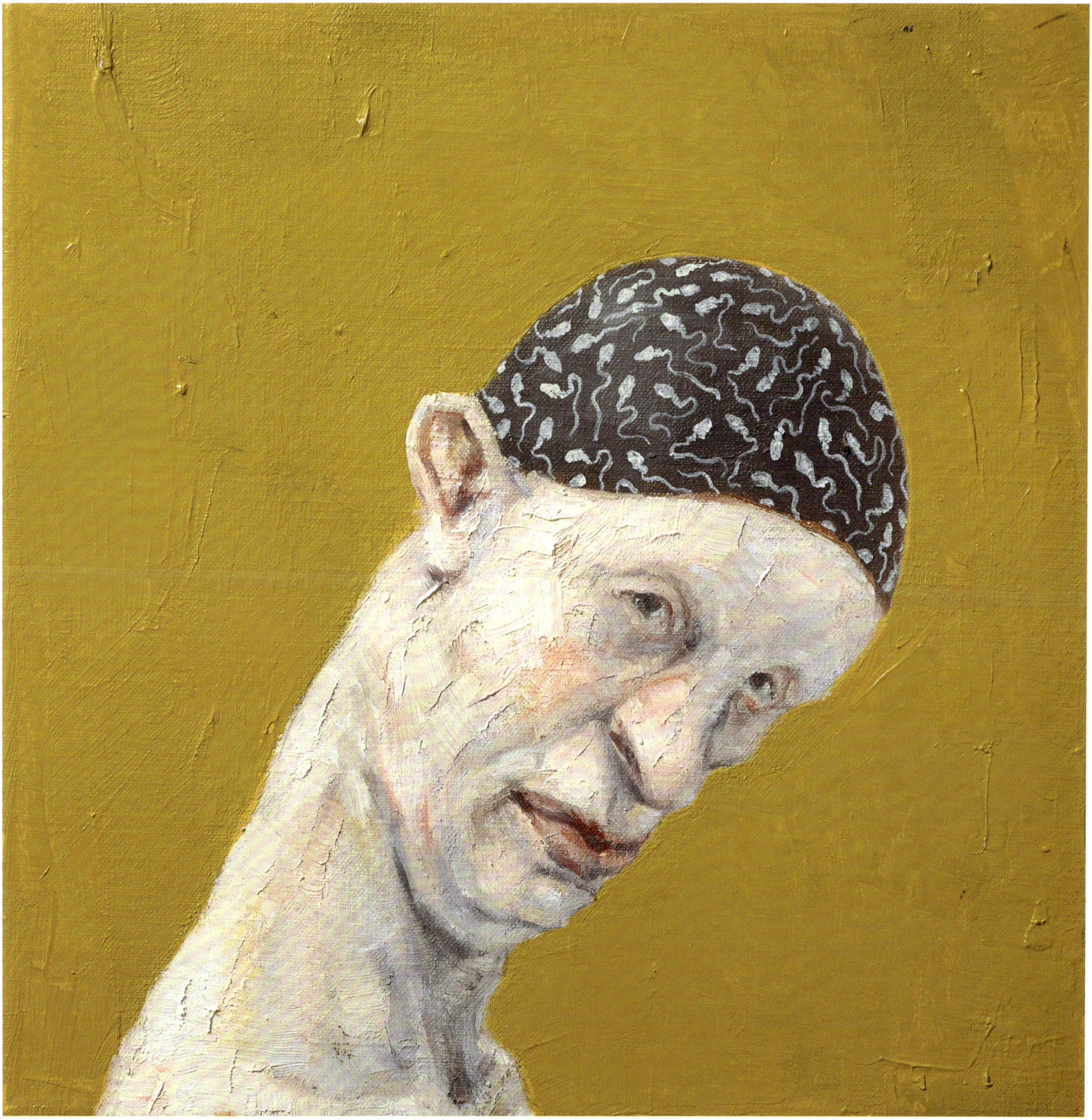

Alle U mit der nächsten M zus str – falls vorhanden, die M vor dem U re str.
7(9)11(11) M in der vorderen Mitte str.
Die nächste M mit dem U re verschr zus str.
Re bis 1 M vor den nächsten U str – die M mit dem U re verschr zus str.
Fortsetzen, bis keine U mehr übrig sind.
5(6)7(7) M bis zur Schulternaht heraus str = 59(63)67(67) M am Vorderteil.

2(3)2(2) M bis zu den Nackenmaschen heraus str.
5 re str – den U mit der nächsten M re zus str – 4 re str – den U mit der nächsten M re zus str – 27(29)31(31) re – die nächste M mit dem U re verschr zus str – 4 re – die nächste M mit dem U re verschr zus str – 5 re – 2(3)2(2) M bis zur Schulternaht heraus str = 53(57)57(57) M im Nacken.

Eine Markierung setzen.

Reihe 1: *1 re – 1 li*. Von * bis * wdh.
Reihe 2: 112(120)124(124) re.
Die Reihen 1-2 wdh, bis insg 7 Rd gestrickt sind.
Nach einer Reihe 1 enden.
Locker mit rechten M abk.

FERTIGSTELLUNG

Vor dem Einnähen die Ärmel mit Nadeln in den Armausschnitt heften. Von außen einnähen.
Die Fäden vernähen.

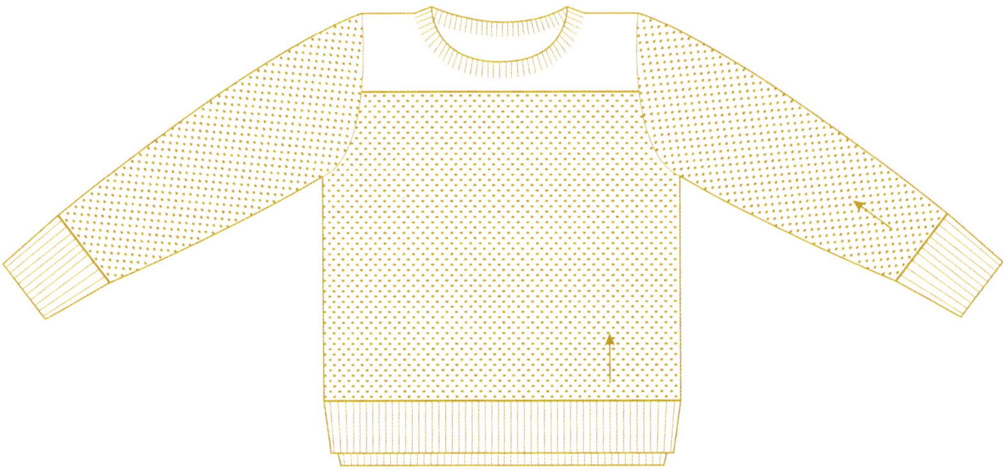

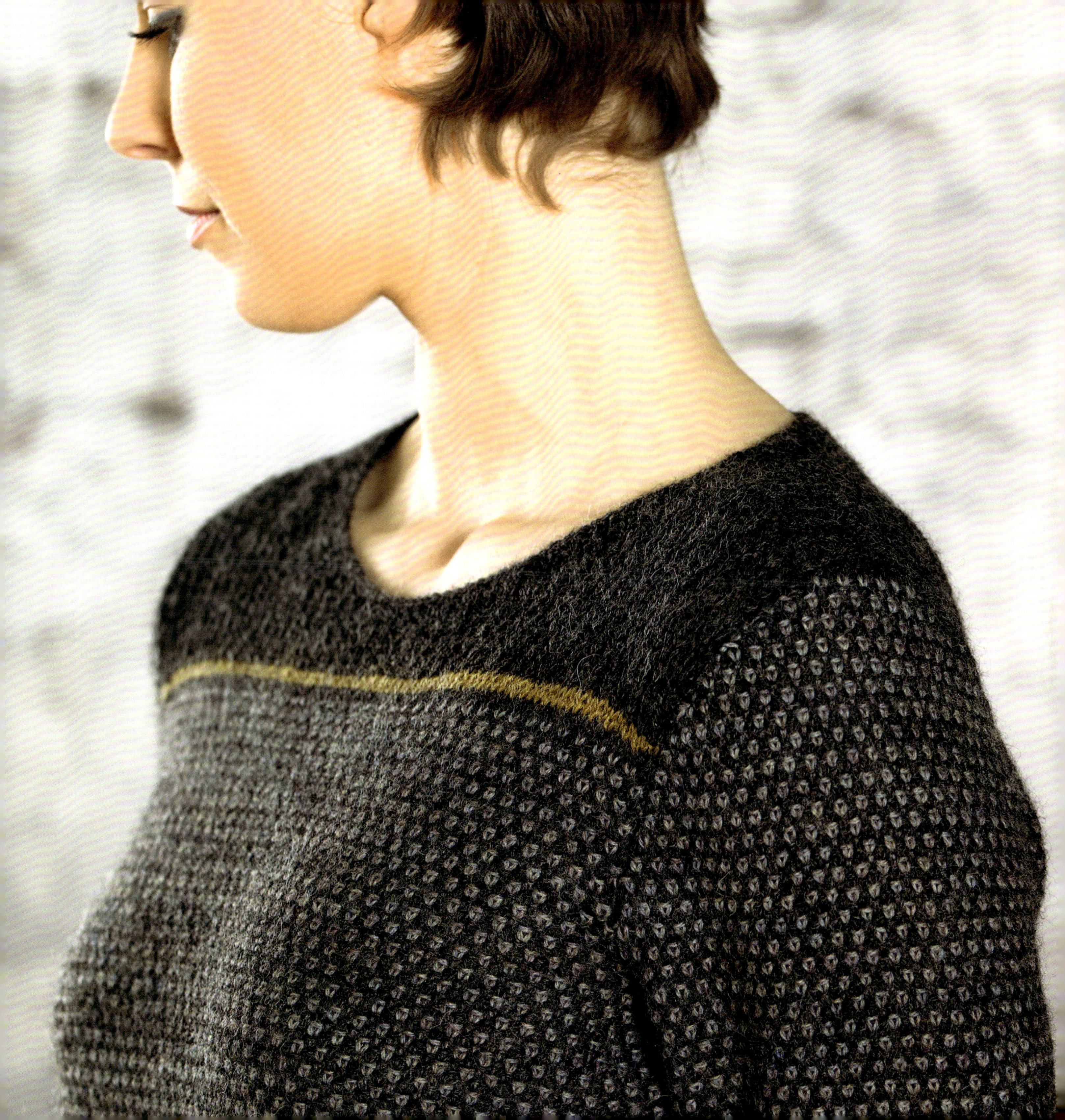

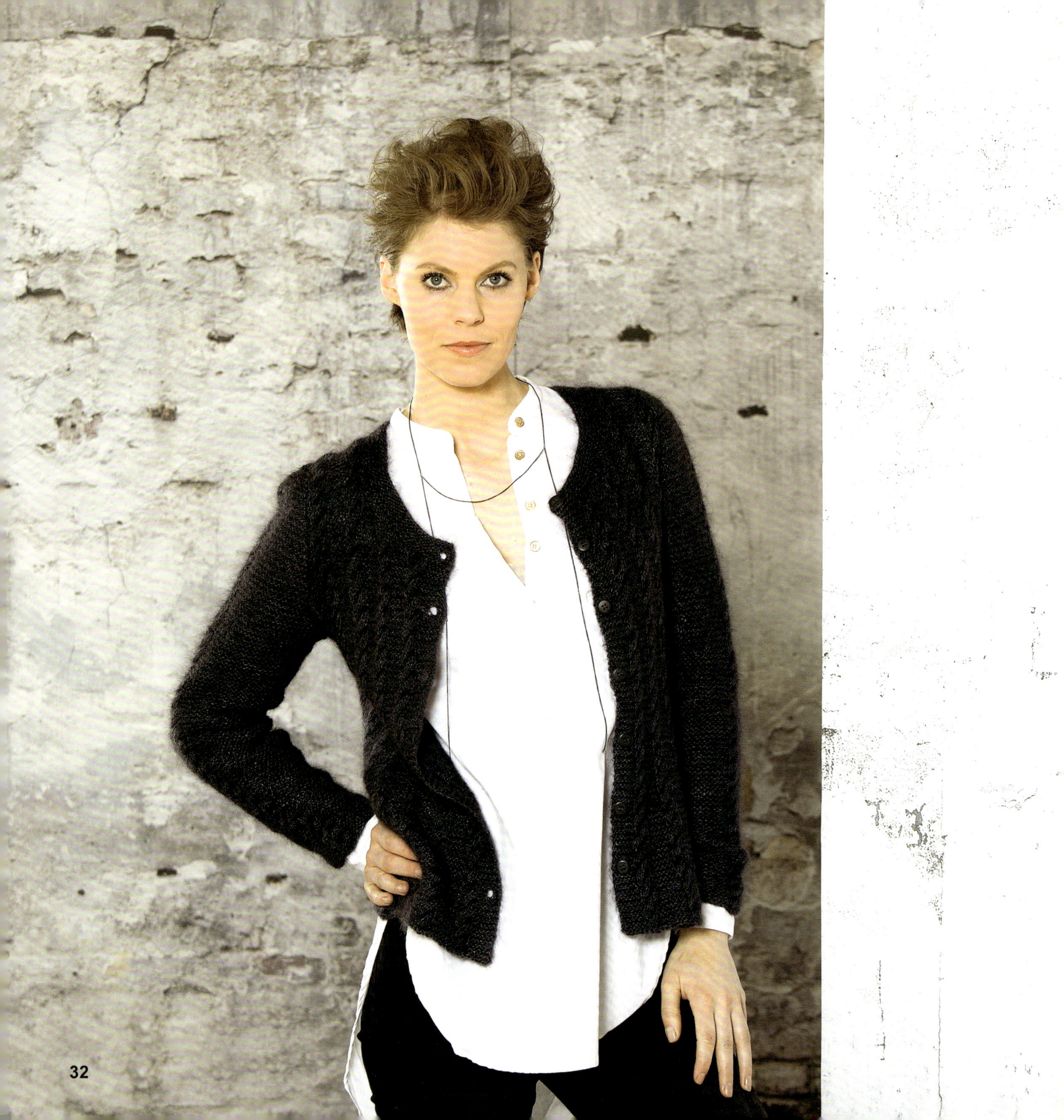

DREADLOCKS

Gr.: S(M)L(XL)

Halbe Oberweite: 46(50)54(58) cm
Länge: 54(55)55(56) cm
Innere Ärmellänge: 42 cm

Material
150(150)175(175)g Isager Silk Mohair Farbe 47
200(200)200(250)g Isager Spinni Farbe 47
Mit beiden Fäden zusammen stricken.

7 Knöpfe

Rundnadel Nr. 3½ und 4

Maschenprobe glatt rechts gestrickt: 10 cm = 20 M und 30 R
Maschenprobe im Muster: 10 cm = 25 M und 34 R

Die Jacke wird von oben nach unten gestrickt.

RÜCKEN

A = 3 M auf eine Hilfsnadel hinter die Arbeit legen – 3 re str – die 3 M der Hilfsnadel re str.

RECHTE SCHULTER
19(20)21(22) M mit beiden Qualitäten und Nd Nr. 4 anschl.
In Reihen hin und her str.
Reihe 1 (RückR): 1(2)3(4) re – 6 li – 4 re – 6 li – 2 re.
Reihe 2: 19(20)21(22) re.
Reihe 3: Wie Reihe 1.
Reihe 4 mit Zopf: 2 re – A – 4 re – A – 1(2)3(4) re.
Reihe 5: Wie Reihe 1.
Die Fäden abschneiden. Die Schulter zur Seite legen.

LINKE SCHULTER
19(20)21(22) M mit beiden Qualitäten und Nd Nr. 4 anschl.

In Reihen hin und her str.
Reihe 1 (RückR): 2 re – 6 li – 4 re – 6 li – 1(2)3(4) re.
Reihe 2: 19(20)21(22) re.
Reihe 3: Wie Reihe 1.
Reihe 4 mit Zopf: 1(2)3(4) re – A – 4 re – A – 2 re.
Reihe 5: Wie Reihe 1.

Über beide Schultern str.
19(20)21(22) re über die LINKE SCHULTER str – 40 M in Verlängerung der Maschen anschl.
19(20)21(22) re über die RECHTE SCHULTER str = 78(80)82(84) M.

Über alle M str:
Reihe 1 (RückR): 1(2)3(4) re – *6 li – 4 re*.
Von * bis * wdh. Enden mit 6 li – 1(2)3(4) re.
Reihe 2: 78(80)82(84) re.
Reihe 3: Wie Reihe 1.
Reihe 4 mit Zopf: 1(2)3(4) re – *A – 4 re*.
Von * bis * wdh. Enden mit A – 1(2)3(4) re.
Reihe 5: Wie Reihe 1.
Reihe 6: 78(80)82(84) re.

Weiterhin Zöpfe in jede 6. R str, bis ab Beginn der Schultern insg 43(43)43(49) R gestrickt sind.
Es sind nun 7(7)7(8)-mal Zöpfe + 3 R gestrickt.

Mit den Zöpfen fortsetzen, aber nun am Ende jeder R an jeder Seite 7(9)10(10)-mal 2 neue M anschl = 106(116)122(124) M.
Die Zöpfe über die neuen M str, sobald es möglich ist.
Die äußersten M immer re str.

Es sind nun 9(10)10(11)-mal Zöpfe + 5(3)5(5) R gestrickt.
Die Fäden abschneiden. Der Rücken misst ca. 17(18)19(20) cm.

VORDERTEIL

RECHTE SEITE:
Aus dem Anschlag der rechten Rückenschulter 19(20)21(22) M mit Nd Nr. 4 heraus str.
Sorgfältig aus jeder einzelnen M heraus str, sodass das Muster am Vorderteil ohne Bruch weiter gestrickt werden kann.
In Reihen hin und her str.
Reihe 1 (RückR): 2 re – 6 li – 4 re – 6 li – 1(2)3(4) re.
Reihe 2: 19(20)21(22) re.
Reihe 3: Wie Reihe 1.
Reihe 4 mit Zopf: 1(2)3(4) re – A – 4 re – A – 2 re.
Reihe 5: Wie Reihe 1.
Reihe 6: Wie Reihe 2.

Die Zöpfe in jeder 6. R wdh, bis insg 23(23)23(29) R gestrickt sind = 4(4)4(5)-mal Zöpfe + 1 R.

Nun Zunahmen für den Halsausschnitt str: In den HinR insg 2-mal aus der letzten Masche 2 M str = 21(22)23(24) M.
Danach 5-mal am Ende der HinR 2 M anschl = 31(32)33(34) M.
Die neuen M in das Muster einfügen.

2-mal am Ende der HinR 6 M anschl = 43(44)45(46) M.
Die neuen M in das Muster einfügen.

4 R im Muster str.
Die äußeren 6 M re str.
Es sind insg 7(7)7(8)-mal Zöpfe + 4 R gestrickt.

Insg 6-mal am Ende der RückR 2 M anschl = 55(56)57(58) M.

1 R im Muster str.
In der RückR ein Knopfloch str: 2 re – 2 re zus – 2 neue M anschl – 2 re zus – die R im Muster zu Ende str.

Am Ende der RückR noch 1(3)4(4)-mal 2 neue M anschl = insg 7(9)10(10)-mal = 57(62)65(66) M.

Es sind nun 9(10)10(11)-mal Zöpfe + 5(3)5(5) R gestrickt.
Die Fäden abschneiden.

LINKE SEITE:
Aus dem Anschlag der linken Rückenschulter 19(20)21(22) M heraus str.
In Reihen hin und her str.
Reihe 1 (RückR): 1(2)3(4) re – 6 li – 4 re – 6 li – 2 re.
Reihe 2: 19(20)21(22) re
Reihe 3: Wie Reihe 1.
Reihe 4 mit Zopf: 2 re – A – 4 re – A– 1(2)3(4) re.
Reihe 5: Wie Reihe 1.
Reihe 6: Wie Reihe 2.

Die Zöpfe in jeder 6. R wdh, bis insg 24(24)24(30) R gestrickt sind = 4(4)4(5) Zöpfe + 2 R.

Nun Zunahmen für den Halsausschnitt str: In den RückR insg 2-mal aus der letzten Masche 2 str = 21(22)23(24) M.
Danach 5-mal am Ende der RückR 2 M anschl = 31(32)33(34) M.
Die neuen M in das Muster einfügen.

Die Zöpfe entsprechend der rechten Seite str.

Am Ende der RückR 2-mal 6 M anschl = 43(44)45(46) M.
Die neuen M in das Muster einfügen.

3 R im Muster str = 7(7)7(8) Zöpfe + 3 R.

Am Ende der HinR insg 7(9)10(10)-mal 2 M anschl = 57(62)65(66) M.

1 R im Muster str.
Es sind nun 9(10)10(11)-mal Zöpfe + 5(3)5(5) R gestrickt.
Die Fäden NICHT abschneiden.

KÖRPER

Eine HinR über alle Teile str.
Erst die LINKE SEITE str – 4(4)8(16) neue M anschl – den RÜCKEN str – 4(4)8(16) neue M anschl – RECHTE SEITE str = 228(248)268(288) M.

Das Muster mit den Zöpfen wie bisher str.
Die neuen M unter beiden Ärmeln in das Muster einfügen.

Das Knopfloch in jeder 20. R wdh, bis es insg 6 Knopflöcher sind.

Weiter str, bis die Arbeit unter den Ärmeln ca. 15(15)14(14) cm misst.
Abn in der RückR nach einer Zopfreihe str: 42(52)62(72) M im Muster str – *2 re zus – 8 M im Muster*. Von * bis * wdh, bis 15 Abn gestrickt sind. Die letzten M im Muster str = 213(233)253(273) M.

An der ersten und letzten Abn evtl. eine Markierung setzen.

17 R im Muster str.
1. Zun in der RückR nach einer Zopfreihe str: 42(52)62(72) M im Muster str – *1 neue re – 9 M im Muster*. Von * bis * wdh, bis 15 Zun gestrickt sind. Die letzten M im Muster str = 228(248)268(288) M.

11 R im Muster str.
2. Zun in der RückR nach einer Zopfreihe str: 12 M im Muster str – *1 neue re – 20 M im Muster*.
Von * bis * wdh. Enden mit 1 neue re – 16 M = 239(260)281(302) M.

11 R im Muster str.
3. Zun in der RückR nach einer Zopfreihe str: 23 M im Muster str – *1 neue re – 21 M im Muster*.
Von * bis * wdh. Enden mit 1 neue re – 27 M = 249(271)293(315) M.

5 R im Muster str.
4. Zun in der RückR nach einer Zopfreihe str: 17 M im Muster str – *1 neue re – 22 M im Muster *.
Von * bis * wdh. Enden mit 1 neue re – 12 M = 260(283)306(329) M.

5 R im Muster str.
5. Zun in der RückR nach einer Zopfreihe str: 29 M im Muster str – *1 neue M re – 23 M im Muster *.
Von * bis * wdh. Enden mit 1 neue re – 24 M = 270(294)318(342) M.

5 R im Muster str.
6. Zun in der RückR nach einer Zopfreihe str: 12 M im Muster str – *1 neue re – 24 M im Muster *.
Von * bis * wdh. Enden mit 1 neue re – 18 M = 281(306)331(356) M.

5 R im Muster str.
7. Zun in der RückR nach einer Zopfreihe str: 25 M im Muster str – *1 neue re – 25 M im Muster *.
Von * bis * wdh. Enden mit 1 neue re – 31 M = 291(317)343(369) M.

6 R im Muster str.
Nach einer Zopfreihe noch 1 R str.
In der HinR abk. Die Zöpfe zusammenfassen, dafür die Zopfmaschen vor dem Abketten erst 2 und 2 M zus str.

Der Rücken misst unter den Armen ca. 37(37)36(36) cm.

ÄRMEL

Die Ärmel von oben nach unten str.
16 M mit beiden Fäden und Nd Nr. 4 anschl.
In Reihen hin und her str.

Reihe 1 (RückR): 2 re – 4 li – 4 re – 4 li – 1 re – aus der letzten Masche 2 M str.
Reihe 2: 4 re – 1 neue re – 2 re – 1 neue re – 6 re – 1 neue re – 2 re – 1 neue re – 2 re – aus der letzten Masche 2 M str.
Reihe 3: 3 re – 6 li – 4 re – 6 li – 2 re – aus der letzten Masche 2 M str.
Reihe 4 mit Zopf: 4 re – A – 4 re – A – 2 re – aus der letzten Masche 2 M str.

Reihe 5: 4 re – 6 li – 4 re – 6 li – 3 re – aus der letzten Masche 2 M str.
Reihe 6: 24 re – aus der letzten Masche 2 M str.
Reihe 7: 5 re – 6 li – 4 re – 6 li – 4 re – aus der letzten Masche 2 M str.
Reihe 8: 26 re – aus der letzten Masche 2 M str.

Reihe 9: 6 re – 6 li – 4 re – 6 li – 5 re – aus der letzten Masche 2 M str.
Reihe 10 mit Zopf: 7 re – A – 4 re – A – 5 re – aus der letzten Masche 2 M str.
Reihe 11: 7 re – 6 li – 4 re – 6 li – 6 re – aus der letzten Masche 2 M str.
Reihe 12: 30 re – aus der letzten Masche 2 M str.

Reihe 13: 8 re – 6 li – 4 re – 6 li – 7 re – aus der letzten Masche 2 M str.
Reihe 14: 32 re – aus der letzten Masche 2 M str.
Reihe 15: 9 re – 6 li – 4 re – 6 li – 8 re – aus der letzten Masche 2 M str.
Reihe 16 mit Zopf: 10 re – A – 4 re – A – 8 re – aus der letzten Masche 2 M str = 36 M.

Gr. (L)XL:
Noch 12(18) R mit Zun am Ende jeder R str = 48(54) M.

Alle Gr.:
4 R im Muster mit Zun am Ende jeder R str.
1 R im Muster ohne Zun str.
1 R mit Zopf ohne Zun str.

Es sind nun 4(4)6(7)-mal Zöpfe gestrickt = 40(40)52(58) M.

Die letzten 6 R wdh, bis es 56(56)60(66) M sind.
Es sind nun 8(8)8(9)-mal Zöpfe gestrickt.
6 R mit Zun in jeder R str = 62(62)66(72) M.

4(6)6(6) R str und dabei am Ende jeder R 2 M anschl = 70(74)78(84) M.

Es sind nun 9(10)10(11)-mal Zöpfe + 4(0)0(0) R gestrickt.

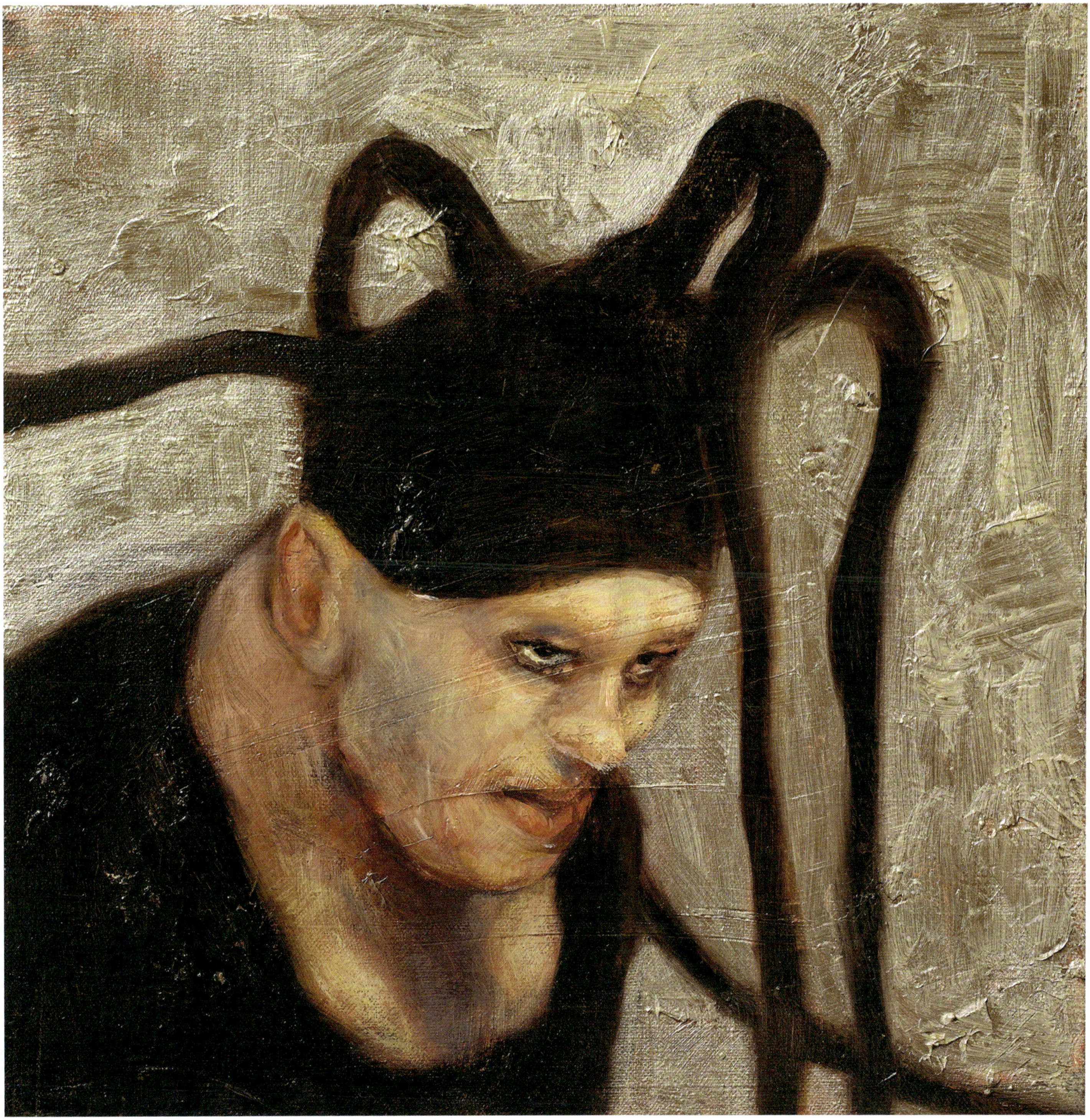

Die Armkugel ist fertig.

13(13)9(17) R ohne Zun str.
Weiterhin Zöpfe in jeder 6. R str.

Am Anfang und Ende der R 2 re zus str = 68(72)76(82) M.

Die Abn in jeder 8.(8.)8.(6.) R wdh, bis es 42(44)46(48) M sind.

Weiterstr, bis der Ärmel ca. 41 cm misst.
Nach einer Zopfreihe noch 1 R str.
In einer HinR abk. Die Zöpfe zusammenfassen, dafür die Zopfmaschen vor dem Abketten erst 2 und 2 M zus str.

HALSRAND

Aus der Halsrundung M mit Nd Nr. 3½ heraus str.
Am rechten Vorderteil 6 M aus den kraus gestrickten M str.
4 M aus dem Zopf str – 4 M aus den kraus gestrickten M str – 5 M aus dem Zopf str – 24(24)24(28) M bis zu den Nackenmaschen heraus str – 32 M aus den Nackenmaschen str (4 M aus den Zöpfen str) – 24(24)24(28) M aus dem linken Vorderteil bis zum Zopf str – 5 M aus dem Zopf str – 4 M aus den kraus gestrickten M str – 4 M aus dem Zopf str – 6 M aus den letzten kraus gestrickten M str = 118(118)118(126) M.

4 R re str.

Ein Knopfloch str: 112(112)112(106) re – 2 re zus – 2 neue M anschl – 2 re zus – 2 re.
4 R re str.
Von außen abk.

FERTIGSTELLUNG

Vor dem Einnähen die Ärmel mit Nadeln in den Armausschnitt heften. Von außen einnähen.
Die Fäden vernähen und die Knöpfe einnähen.

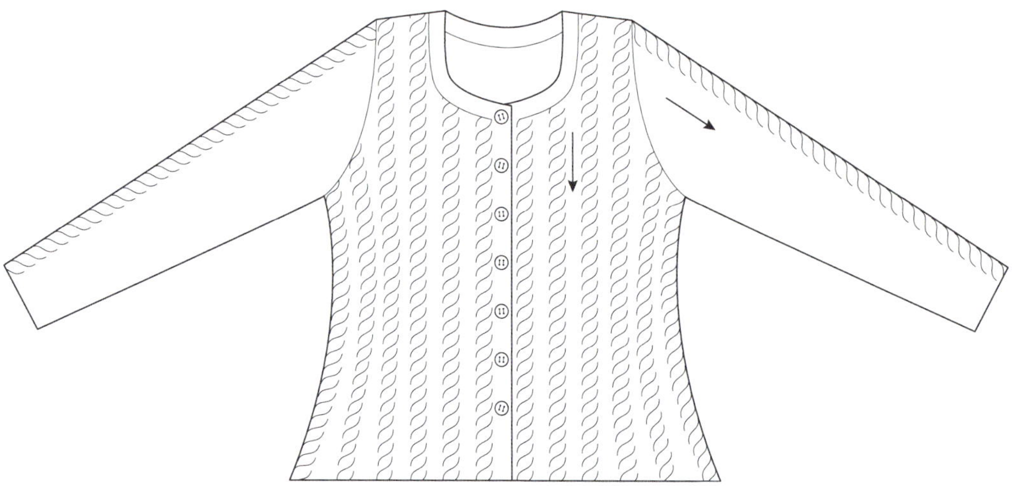

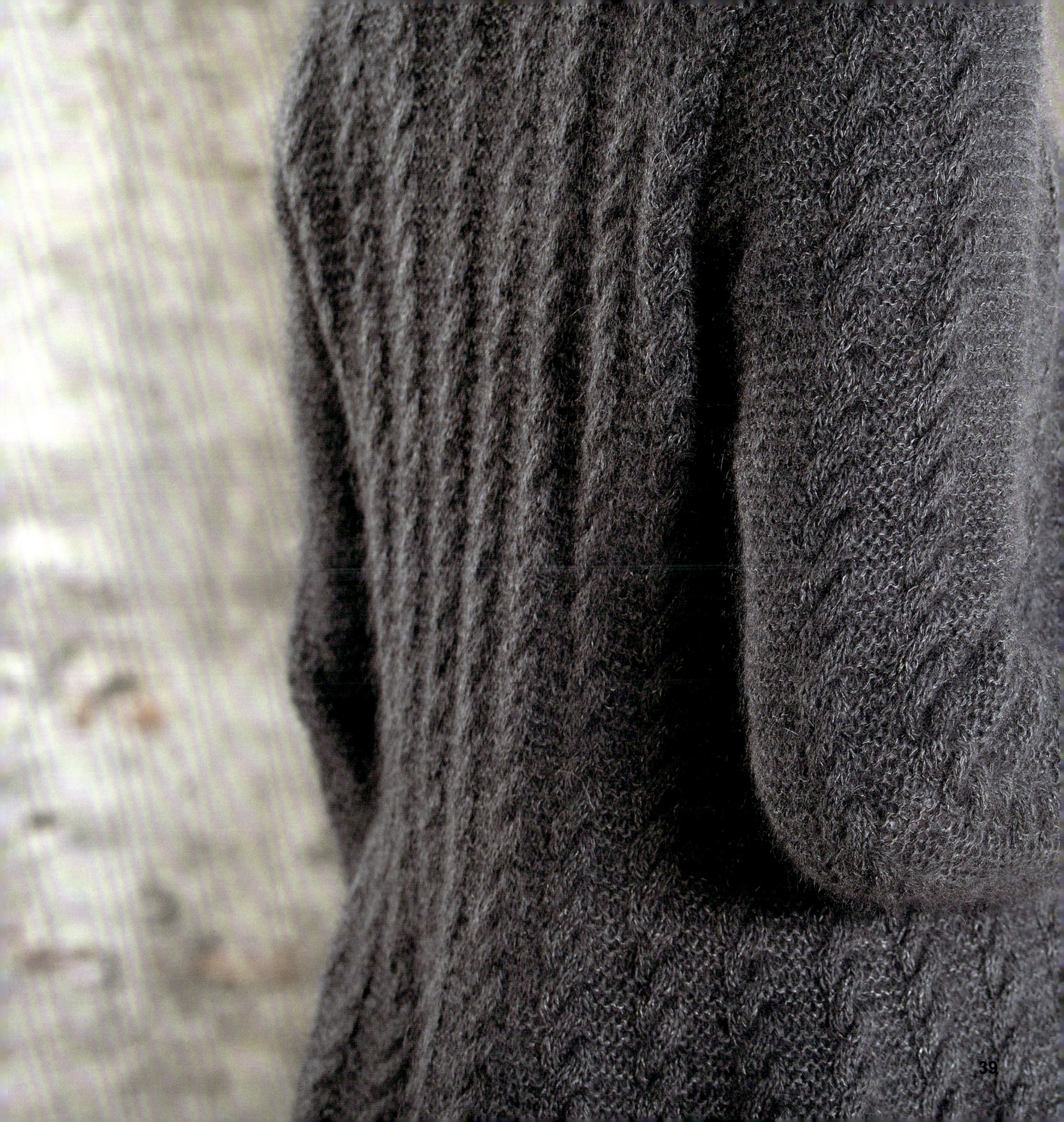

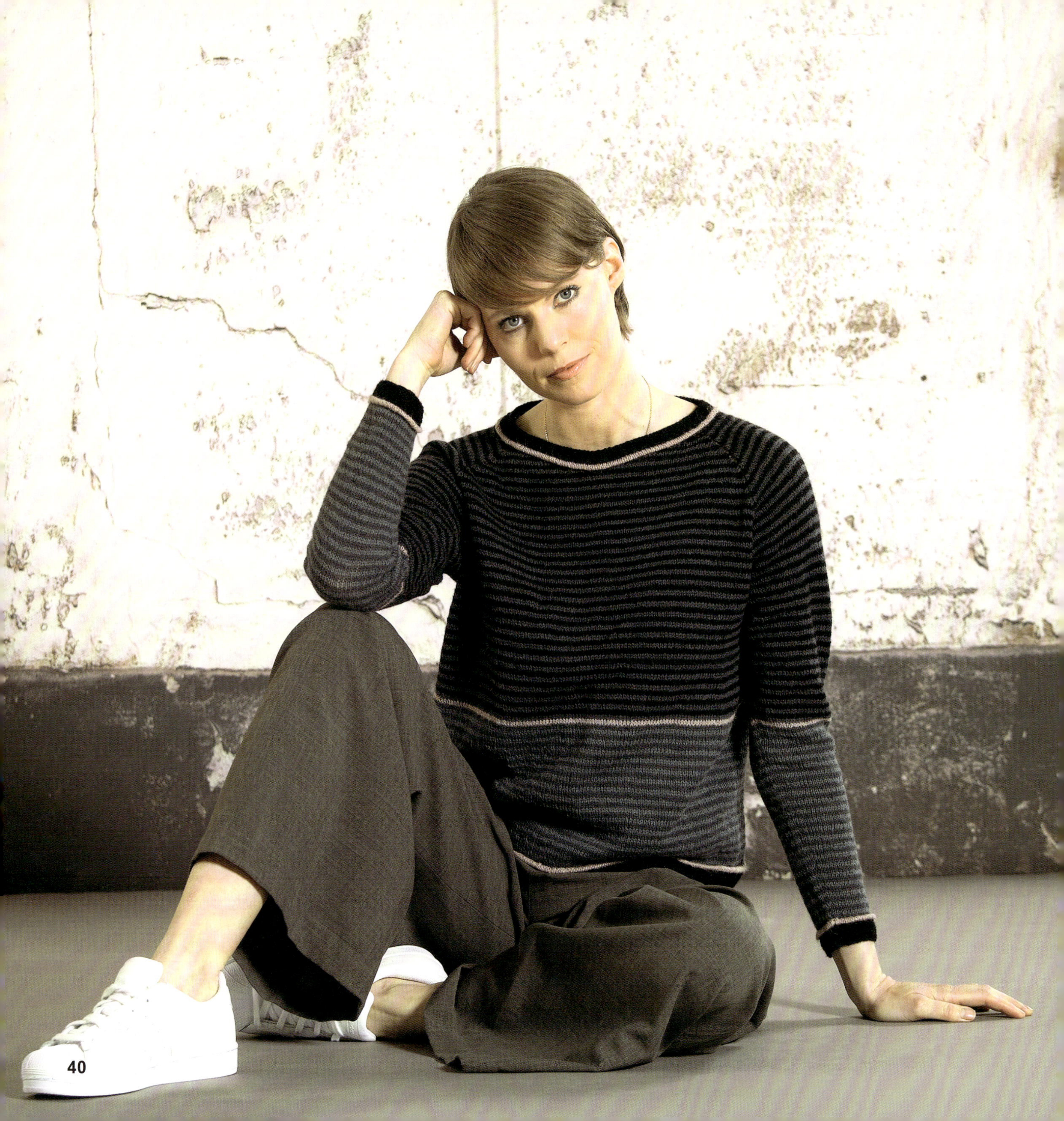

PINSELSTRICH

Gr.: S(M)L(XL)

Halbe Oberweite: 47(50)54(57) cm
Länge: 57(58)59(61) cm
Innere Ärmellänge: 43 cm

Material
A: 100g Isager Tvinni Farbe 30
B: 100(100)150(150)g Isager Tvinni Farbe 47
C: 50g Isager Tvinni Farbe 42
D: 25g Isager Alpaca 2 Farbe 61

Rund- und Strumpfnadeln Nr. 3

Maschenprobe glatt rechts gestrickt: 10 cm = 28 M und 36 R

ÄRMEL

47(51)54(54) M mit Nd Nr. 3 und Fa A anschl.
In Reihen hin und her str.

10 R re str.
Die erste R ist eine RückR.
Die 11. R (RückR) mit Zun str.
In der RückR Zunahmen str: 3(5)2(2) re – *1 neue re, dafür den Faden zw den M aufnehmen und re verschr str – 10 re*. Von * bis * wdh. Enden mit 1 neue re – 4(6)2(2) re = 52(56)60(60) M.
A abschneiden.

BIESE

Zu D und Strumpfnd wechseln und rund str: 6 Rd re.
D abschneiden.
Zu B wechseln.
An der Rückseite der Arbeit 52(56)60(60) M aus der letzten mit A gestrickten R aufnehmen.
Die 6 Rd in D umschlagen, die re M sind dabei auf der Außenseite.
Die M auf den Strumpfnadeln mit den aufgenommenen M zus str, sodass die BIESE geschlossen ist. Darauf achten, dass die entprechenden M zus gestrickt werden, damit sich die Biese nicht „verzieht".

1 Rd re str.
Zu C wechseln: 2 Rd re str.
Zu B wechseln: 2 Rd re str.

Zu C wechseln:
Rd 13: Re str.
Rd 14 mit Zun: 1 re – 1 neue re – bis zur letzten M re str – 1 neue re – 1 re = 54(58)62(62) M.

Die Zun in jeder 8.(8.)8.(6.) Rd wdh, bis es 84(88)92(100) M sind.
GLEICHZEITIG mit Streifen weiter str, bis insg 21 Streifen mit C gestrickt sind. C abschneiden.

1 Streifen mit B str.
1 Streifen mit D str. D abschneiden.
1 Streifen mit B str.
1 Streifen mit A str.

Mit Streifen in B und A weiter str, bis der Ärmel ca. 43 cm misst.
Enden nach 2 Rd mit B.
B abschneiden.

Mit A str:
77(81)85(93) re – 14 M abk.
Die letzten 7 M sind schon Teil der nächsten Rd.
70(74)78(86) re (die erste M ist bereits auf der Nd).
A abschneiden.
Die M stilllegen.

Den zweiten Ärmel genauso str.

KÖRPER

240(255)273(291) M mit Nd Nr. 3 und Fa A anschl.
In Reihen hin und her str.

10 R re str.
Die erste R ist eine RückR.
In der 11.R Zun str: 5(7)7(5) re – *1 neue re – 10 re*. Von * bis * wdh. Enden mit 1 neue re – 5(8)6(6) re = 264(280)300(320) M.
A abschneiden.

Nun mit einer Rundnadel in Rd str.
Zu D wechseln.
Eine BIESE wie am Ärmel str.
D abschneiden.

1 Rd re str.
Zu C wechseln: 2 Rd re str.
Zu B wechseln: 2 Rd re str.

Mit Streifen weiter str, bis insg 17 Streifen mit C gestrickt sind. C abschneiden.

1 Streifen mit B str.
1 Streifen mit D str. D abschneiden.
1 Streifen mit B str.
1 Streifen mit A str.

Mit Streifen in B und A weiter str, bis der Körper ca. 36 cm misst.
Enden nach 2 R mit B.

Mit A str:
1 Rd re str.
Die ersten 14 M abk – 118(126)136(146) re str (die erste M ist bereits auf der Nd) – 14 M abk – die letzten 118(126)136(146) re str (die erste M ist bereits auf der Nd).

RAGLAN

Die Ärmel wieder auf die Nd heben.
Die Ärmel mit B in die Armausschnitte des Körpers str:
70(74)78(86) re über den ersten Ärmel str – 118(126)136(146) re über das Vorderteil str – 70(74)78(86) re über den zweiten Ärmel str – 118(126)136(146) re über den Rücken str = 376(400)428(464) M.
1 Rd re str.

Zu A wechseln:
2 Rd re str.

Zu B wechseln:
Die 1. Abn str: *2 re zus – 66(70)74(82) re – 2 re verschr zus – 2 re zus – 114(122)132(142) re – 2 re verschr zus*.
Von * bis * wdh = 368(392)420(456) M.
1 Rd re str.

Mit Streifen und Raglanabnahmen in jeder 2. Rd weiter str, bis insg 18(20)20(22) Abnahmereihen gestrickt sind = 232(240)268(288) M.
Seit Raglanbeginn sind nun insg 20(22)22(24) Streifen gestrickt.
Der letzte Streifen ist mit A gestrickt.

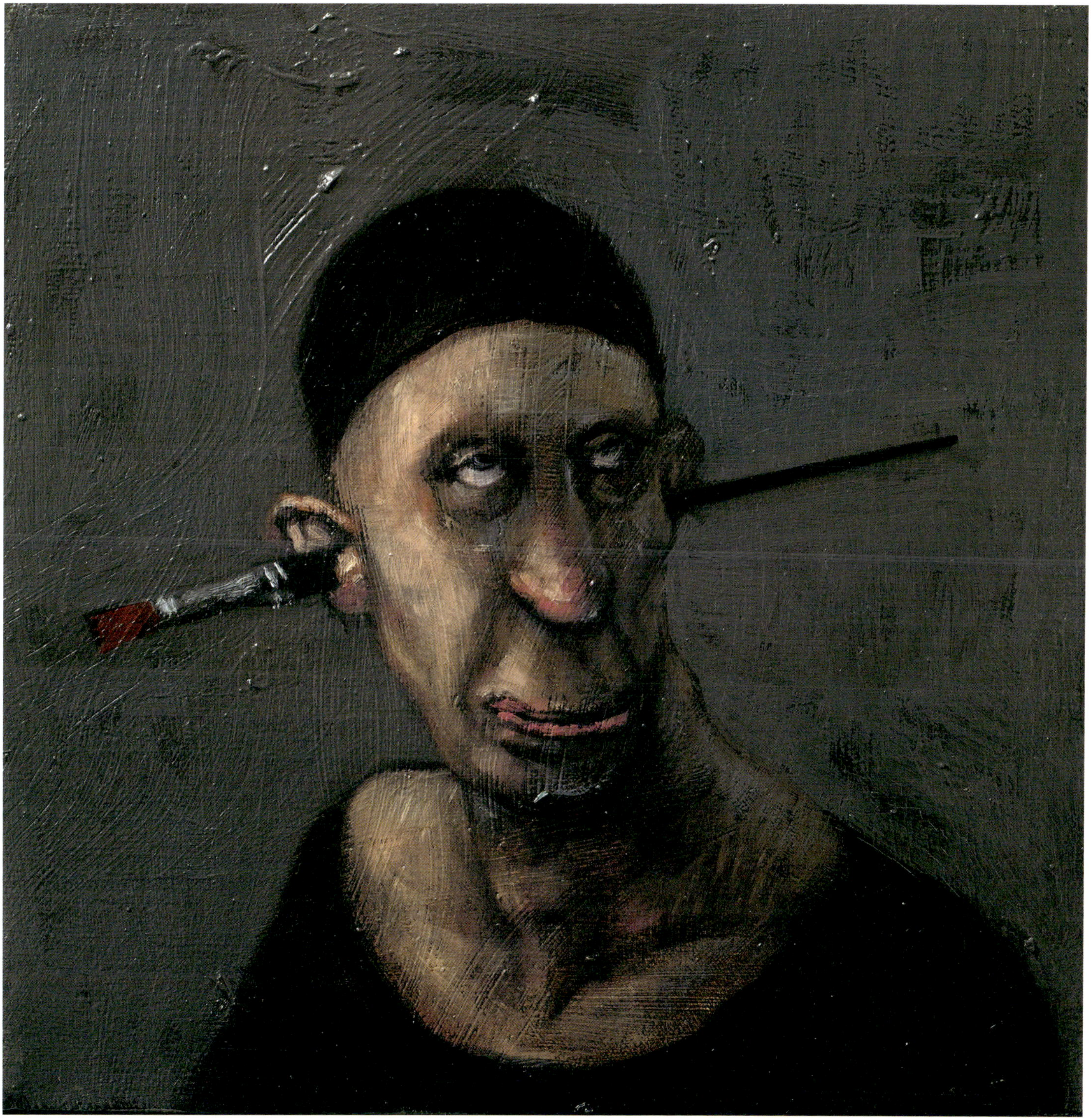

Die Ärmel haben nun jeweils 34(34)38(42) M.
Rücken und Vorderteil haben jeweils 82(86)96(102) M.

Zu B wechseln:
Am Vorderteil und Rücken nun 3 M zus str:
2 re zus – 30(30)34(38) re – 2 re verschr zus – 3 re zus – 76(80)90(96) re – 3 re verschr zus.
Von * bis * wdh = 220(228)256(276) M.
1 Rd re str.

Zu A wechseln:
Für die Raglanabnahmen wieder überall 2 M zus str, am Vorderteil, Rücken und den Ärmeln.
1 Rd re str.

Im Streifenmuster weiter str.
In den B-Streifen am Körper 3 M und an den Ärmeln 2 M zus str.
In den A-Streifen am Körper und den Ärmeln 2 M zus str.

Insg 4(4)6(8) Streifen auf diese Weise str = 192(200)208(208) M.

Für den Raglan sind nun 24(26)28(32) Streifen gestrickt.
Der letzte Streifen ist in Fa A.

Die Ärmel haben nun jeweils 26 M.
Rücken und Vorderteil haben jeweils 70(74)78(78) M.

HALSAUSSCHNITT

Nun den Halsausschnitt formen.
In Reihen hin und her str. Sobald es nötig ist, zu einer kürzeren Rundnd wechseln.

Zu B wechseln:
2 re zus – 22 re – 2 re verschr zus – 3 re zus – 29 re. Wenden.
In der RückR str: 1 verschr U - 182(186)190(190) li. Wenden.
In der HinR str: 1 verschr U – 29 re – 3 re verschr zus – 2 re zus – 22 re – 2 re verschr zus – 3 re zus – 64(68)72(72) re – 3 re verschr zus.

Zu A wechseln:
2 re zus str – 20 re – 2 re verschr zus – 2 re zus – 24 re.
Wenden.

In der RückR str: 1 verschr U – 163(167)171(171) li. Wenden.
In der HinR str: 1 verschr U – 24 re – 2 re verschr zus – 2 re zus – 20 re – 2 re verschr zus – 2 re zus – 62(66)70(70) re – 2 re verschr zus.

Zu B wechseln:
2 re zus – 18 re – 2 re verschr zus – 3 re zus – 18 re. Wenden.
In der Rück R str: 1 verschr U – 146(150)154(154) li. Wenden.
In der HinR str: 1 verschr U – 18 re – 3 re verschr zus – 2 re zus – 18 re – 2 re verschr zus – 3 re zus – 58(62)66(66) re – 3 re verschr zus.

Zu A wechseln:
2 re zus – 16 re – 2 re verschr zus – 2 re zus – 13 re. Wenden.
In der RückR str: 1 verschr U – 127(131)135(135) li. Wenden.
In der HinR str: 1 verschr U – 13 re – 2 re verschr zus – 2 re zus – 16 re – 2 re verschr zus – 2 re zus – 56(60)64(64) re – 2 re verschr zus.

Zu B wechseln:
2 re zus – 14 re – 2 re verschr zus – 3 re zus – 8 re. Wenden.
In der RückR str: 1 verschr U – 112(116)120(120) li. Wenden.
In der HinR str: 1 verschr U – 8 re – 3 re verschr zus – 2 re zus – 14 re – 2 re verschr zus – 3 re zus – 52(56)60(60) re – 3 re verschr zus.

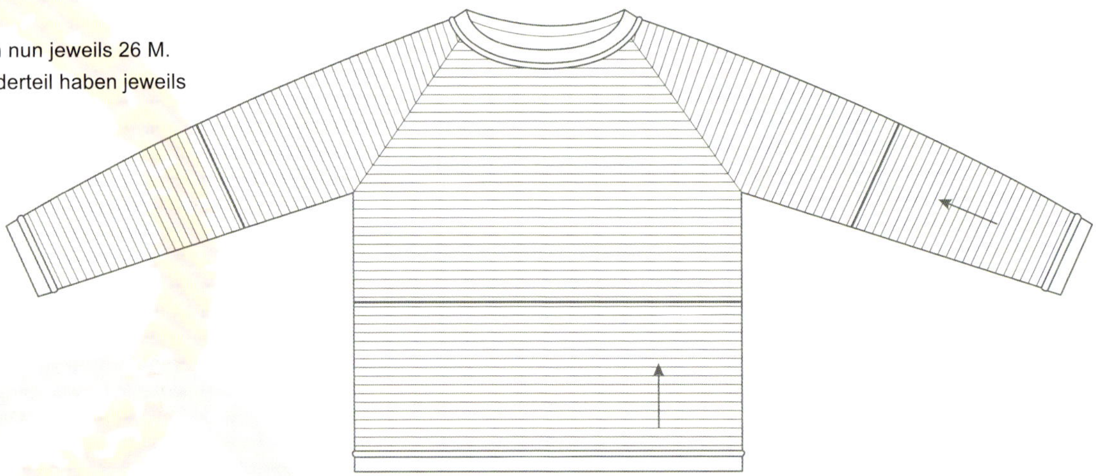

Zu A wechseln:
2 re zus str – 12 re – 2 re verschr zus – 2 re zus – 4 re. Wenden.
In der RückR str: 1 verschr U – 95(99)104(104) li. Wenden.
In der HinR str: 1 verschr U – 4 re – 2 re verschr zus – 2 re zus – 12 re – 2 re verschr zus – 2 re zus – 50(54)58(58) re – 2 re verschr zus.

HALSRAND

Zu einer 40 cm Rundnadel wechseln, falls nicht bereits geschehen.
Wieder in Rd und mit Fa B str.
19 re – den U mit der nächsten M re zus str – 2 re.
Die U bis zu den mittleren M weiterhin mit der nächsten M re zus str.
Die mittleren 4(8)12(12) M str.
Die nächste M mit dem U re verschr zus str – bis 1 M vor den nächsten U re str.
Den U weiterhin mit der M vor dem U re verschr zus str, bis alle U zus gestrickt sind.
Die Rd zu Ende str = 132(140)148(148) M.

1 Rd re str.
B abschneiden.

Zu D wechseln.
Eine BIESE wie am Ärmel str.
D abschneiden.

Mit Fa A die BIESE zus str.
Die Arbeit wenden.
6 R re hin und her str.

In einer RückR re abketten

FERTIGSTELLUNG

Die abgeketteten M unter den Ärmeln an die abgeketteten M des Körpers nähen.
Die kleinen Schlitze an den Ärmeln, am Körper und am Halsrand zusammennähen.
Die Fäden vernähen.

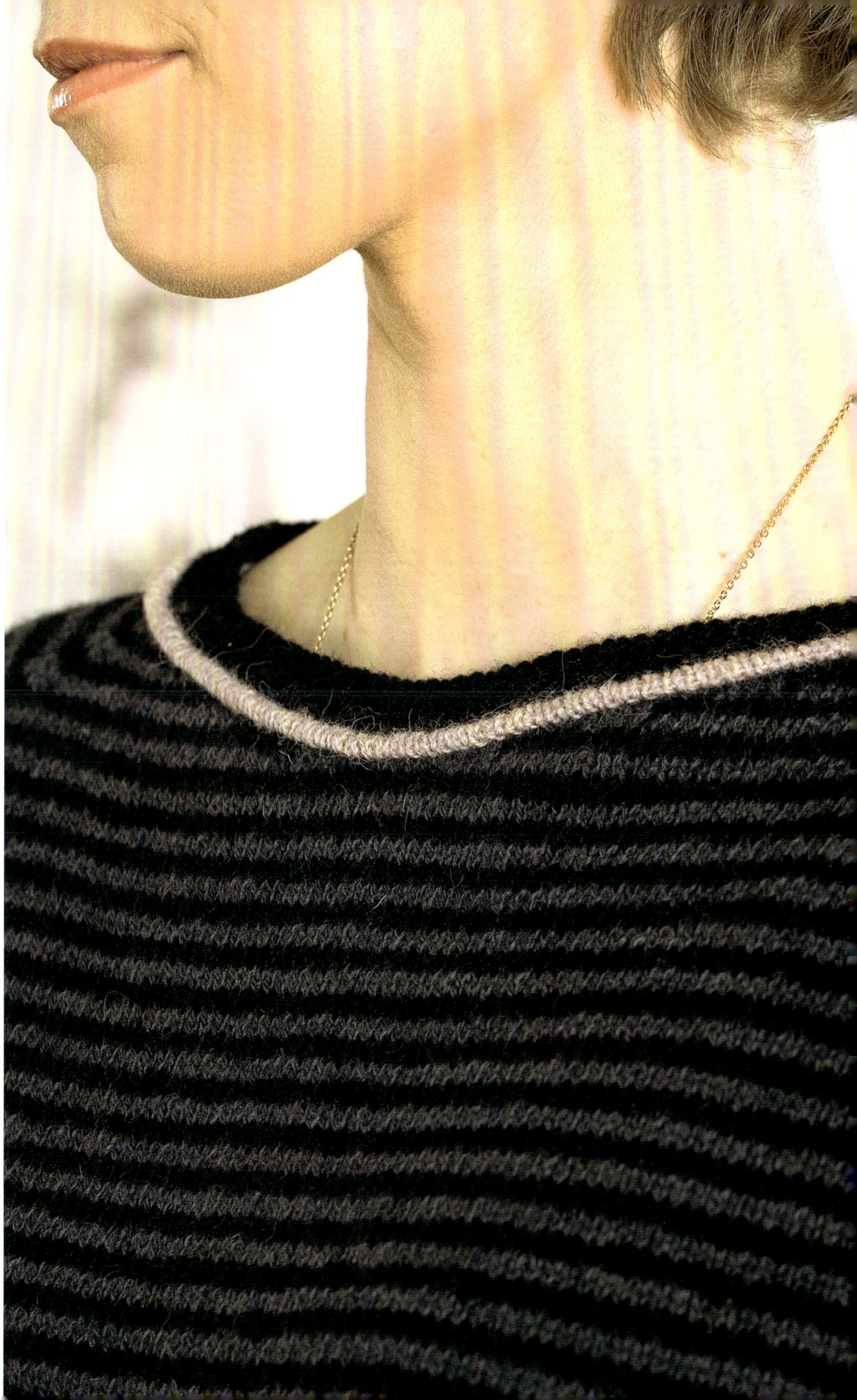

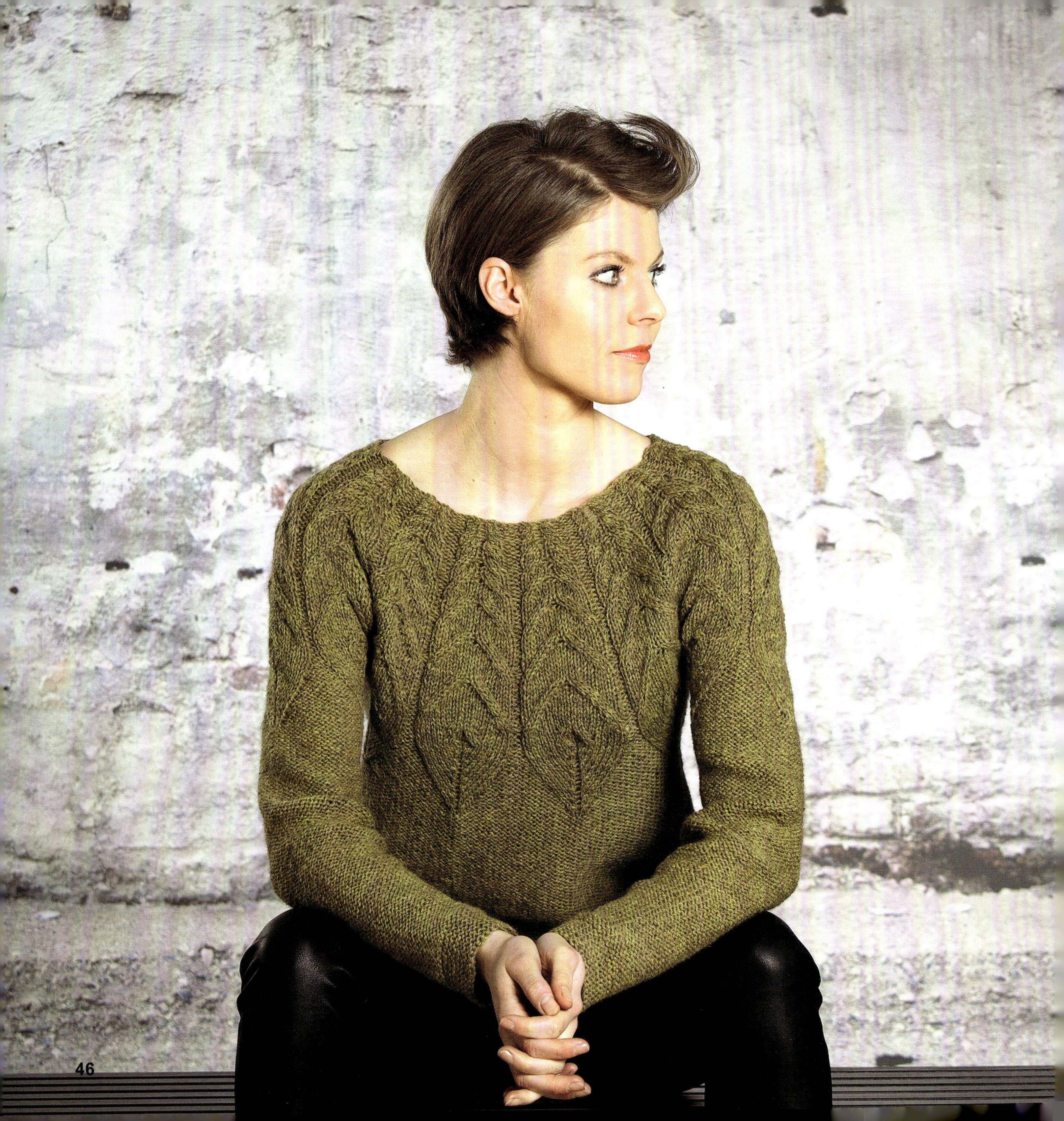

GRÜNSCHMUCK

Gr.: S(M)L(XL)

Halbe Oberweite: 45(51)56(59) cm
Länge: 62(62)62(64) cm
Innere Ärmellänge: 44 cm

Material
350(350)400(450)g Isager Jensen Yarn Farbe 40s

Strumpf- und Rundnadeln Nr. 3½ und 4½

Maschenprobe glatt rechts und mit Nd Nr. 4½ gestrickt: 10 cm = 19 M und 24 R

Der Pullover wird von oben nach unten gestrickt.

PASSE

112(112)128(144) M mit einer Rundnd Nr. 4½, 40 cm anschl.

In Runden str.
Rd 1: *Diagramm Rd 1 – 2(1)2(3) li str*.
Von * bis * wdh.
Rd 2: *Diagramm Rd 2 – 2(1)2(3) li str*.
Von * bis * wdh.

Die Rd 1-2 noch einmal str und dabei die 2 ersten Diagrammrunden wdh.
Gr. (XL): Diese 2 Rd noch einmal str.

Alle Gr.:
Es sind nun insg 4(4)4(6) Rd gestrickt.

Danach ab Diagramm Rd 3 weiter str und mit *Diagramm – 2(1)2(3) li* fortsetzen.
Das Blattmuster verbreitert sich automatisch durch „versteckte" Zun, die in den Zöpfen eingefügt sind.
Zu längeren Rundnadeln wechseln, sobald es möglich ist.

Direkt nach der Diagramm Rd 52(52)54(56) enden.
Es sind nun 280(304)320(336) M.

Die M in Ärmel und Körper aufteilen und dabei laut Diagramm weiter str:
82(94)99(102) M str (Rücken) – die nächsten 58(57)60(66) M stilllegen, ohne sie zu str (Ärmel) – 4(2)6(10) M in Verlängerung des Rückens anschl – 82(95)100(102) M str (Vorderteil) – die nächsten 58(57)60(66) M stilllegen (Ärmel) – 4(2)6(10) M in Verlängerung des Vorderteils anschl.
2(1)1(0) M der nächsten Rd str.
Eine Markierung setzten – hier ist der neue Rundenbeginn.

KÖRPER

Es sind 172(194)212(224) M für den Körper auf der Nd.

Abschließend über die Blätter str:
Rd 1: *U – 7 re – 2 re verschr zus – 2 re zus – 7 re – U – li bis zum nächsten Blatt str*.
Von * bis * wdh.
Rd 2: *den U verschr abstricken – 16 re – den U verschr abstricken – li bis zum nächsten Blatt str*. Von * bis * wdh*.
Rd 3: *U – 6 re – 2 re verschr zus – 2 re zus – 6 re – U – li bis zum nächsten Blatt str*.
Von * bis * wdh*.
Rd 4: * den U verschr abstricken – 14 re – den U verschr abstricken – li bis zum nächsten Blatt str*. Von * bis * wdh*.

Auf diese Weise weiter str, und die Zun vor und nach jedem Blatt und die Abn in der Mitte der Blätter wdh, bis das Blatt aus 2 rechten M besteht.

In der nächsten Rd die U vor und nach den 2 rechten Blattmaschen verschr abstricken.
Nach dem letzten Blatt bis in die Mitte unter dem Armausschnitt str = die Mitte zwischen den Blättern.
Die Markierung hierher umsetzten. Dies ist der neue Rundenbeginn.

Den Pullover wenden und nun von der Innenseite des Pullovers in Rd str, um das Stricken von linken M zu vermeiden:
1 verschr U – alle M re str – die letzte M mit dem U re zus str (der am Anfang der Rd gemacht wurde).

Rechts str, bis der Pullover unter den Ärmeln ca. 34 cm misst.

RAND

Zu Nd Nr. 3½ wechseln.
Den Pullover wenden.
13 Reihen hin und her re str.
Alle M abk.

ÄRMEL

Mit Strumpfnadeln 4(4)6(10) M aus den angeschlagenen M am Körper heraus str – rund über die Ärmelmaschen weiter str = 62(61)66(76) M.

Die Mitte der herausgestrickten M unter dem Ärmel markieren.

Li bis zum ersten Blatt str.
Die Blätter wie am Körper beenden.
GLEICHZEITIG nach 7 Rd Abn str, dafür vor und nach der Markierung 2 M li zus str.

Die Abn in jeder 8.(8.)8.(6.) Rd wdh.

Den Pullover wenden und nun von der Innenseite des Ärmels in Rd weiter str. Verschr U – alle M re str – die letzte M mit dem U re zus str (der am Anfang der Rd gemacht wurde).

Für die Abn unter dem Ärmel vor und nach der Markierung 2 re zus str – weiterhin in jeder 8.(8.)8.(6.) Rd.

Die Abn str, bis es 38(39)42(44) M sind.
Weiter str, bis der Ärmel 41 cm misst.

Den Pullover wenden.
13 Reihen hin und her re str.
Alle M abk.
Den zweiten Ärmel genauso str.

FERTIGSTELLUNG

Die Fäden vernähen.

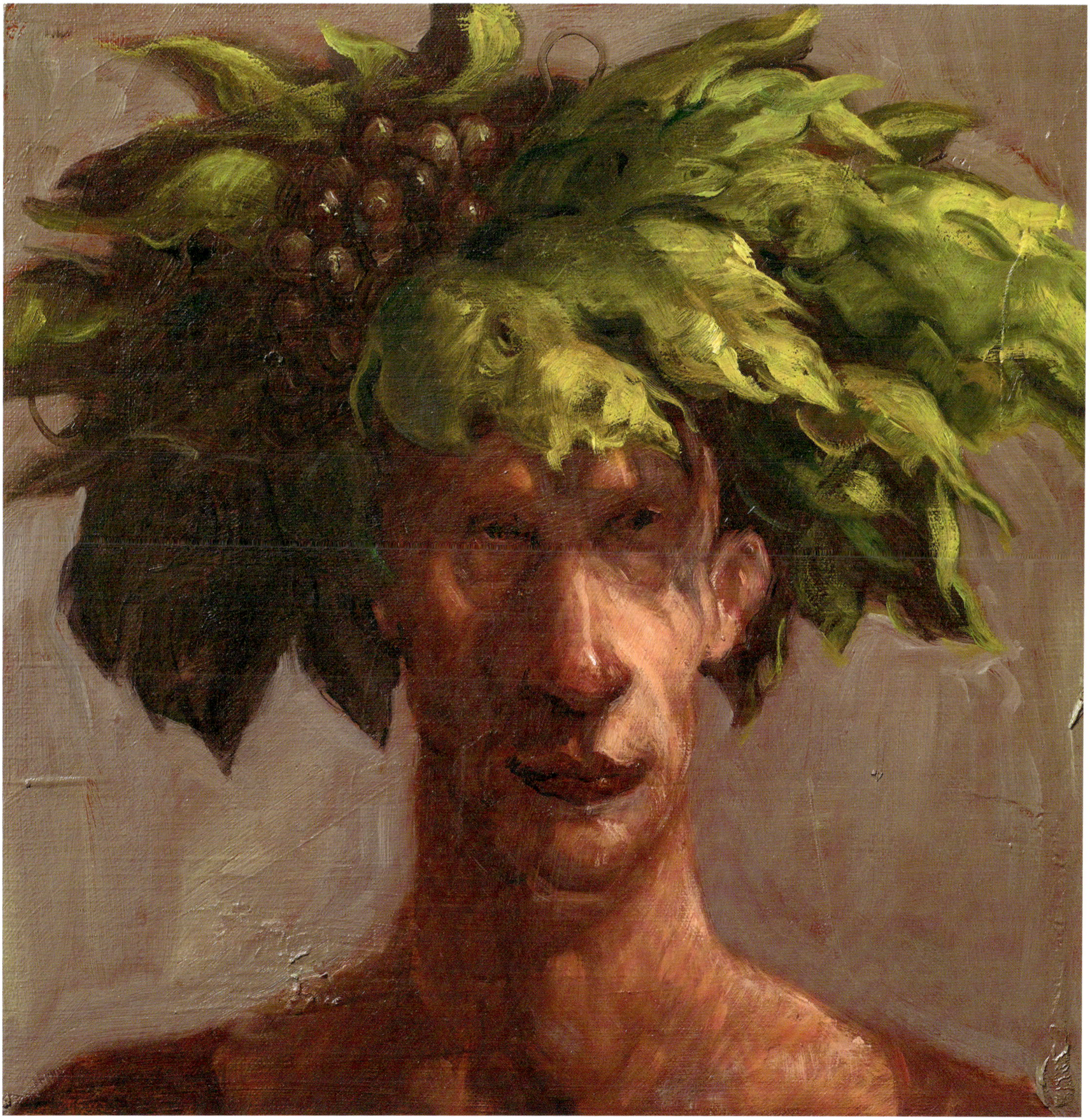

DIAGRAMM

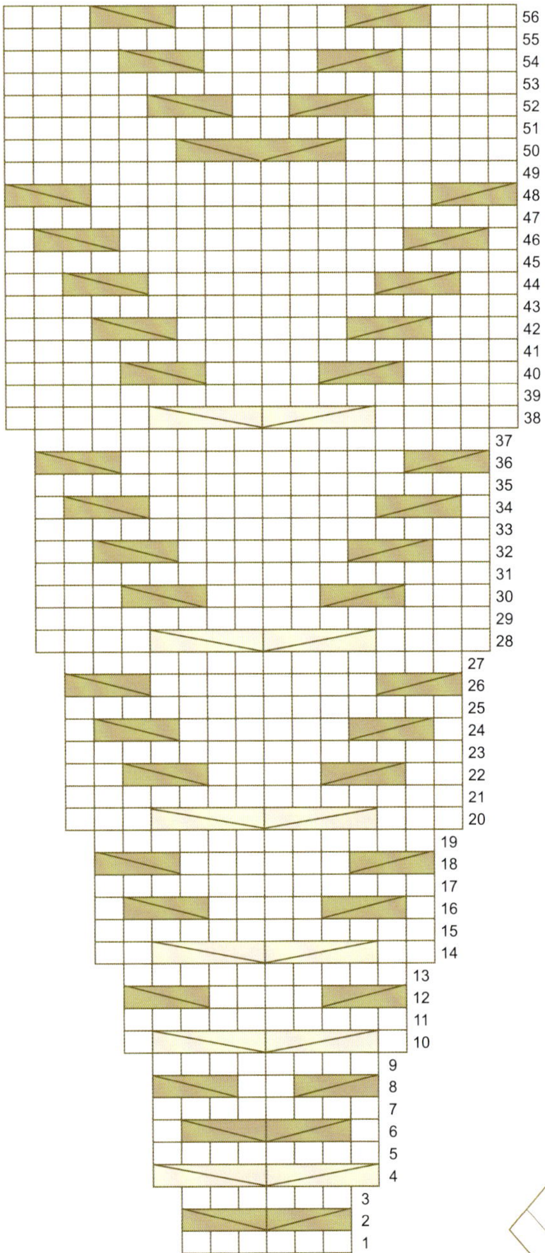

= rechts

= 1 M auf Hilfsnd hinter die Arbeit legen – 2 re – 2 M aus M auf der Hilfsnd str

= 2 M auf Hilfsnd vor die Arbeit legen – 2 M aus nächster M str – 2 M von Hilfsnd re str

= 1 M auf Hilfsnd hinter die Arbeit legen – 2 re – 1 M von Hilfsnd re str

= 2 M auf Hilfsnd vor die Arbeit legen –1 re – 2 M von Hilfsnd re str

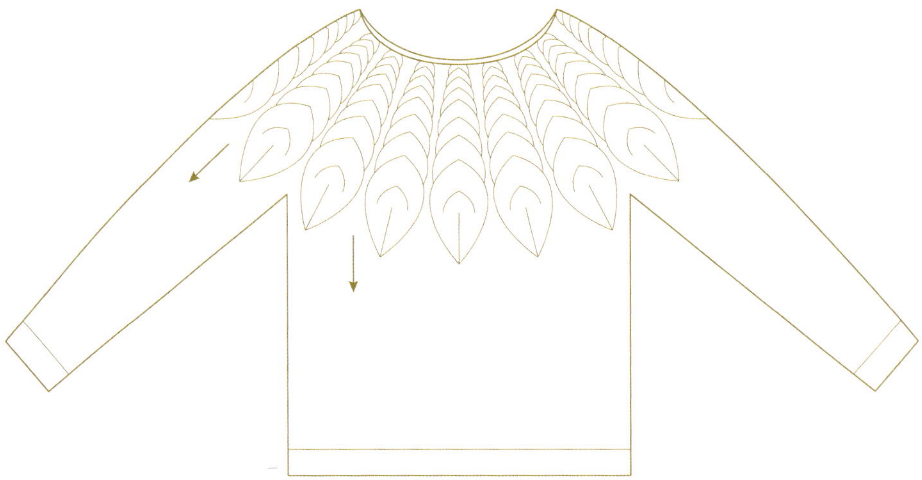

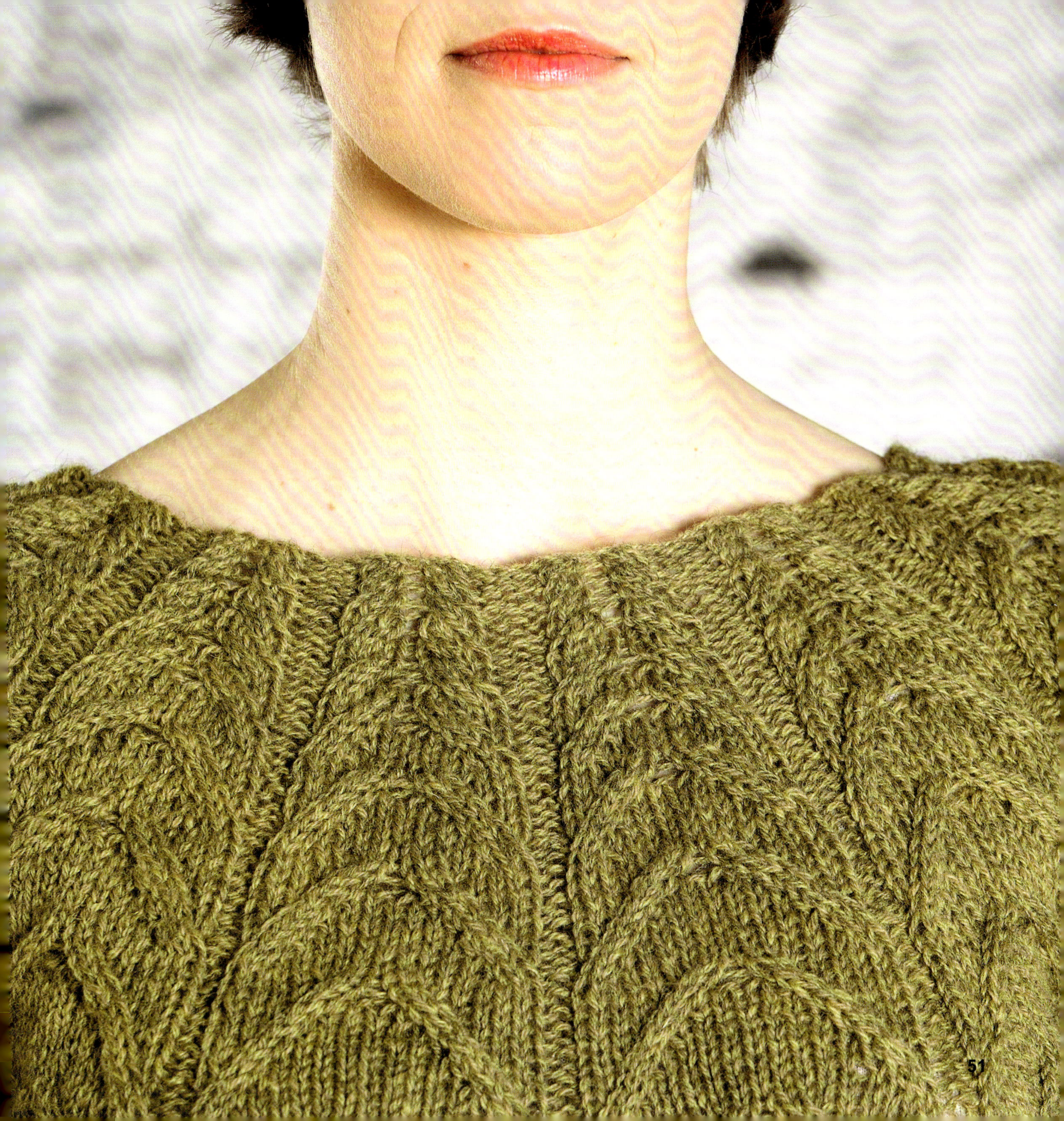

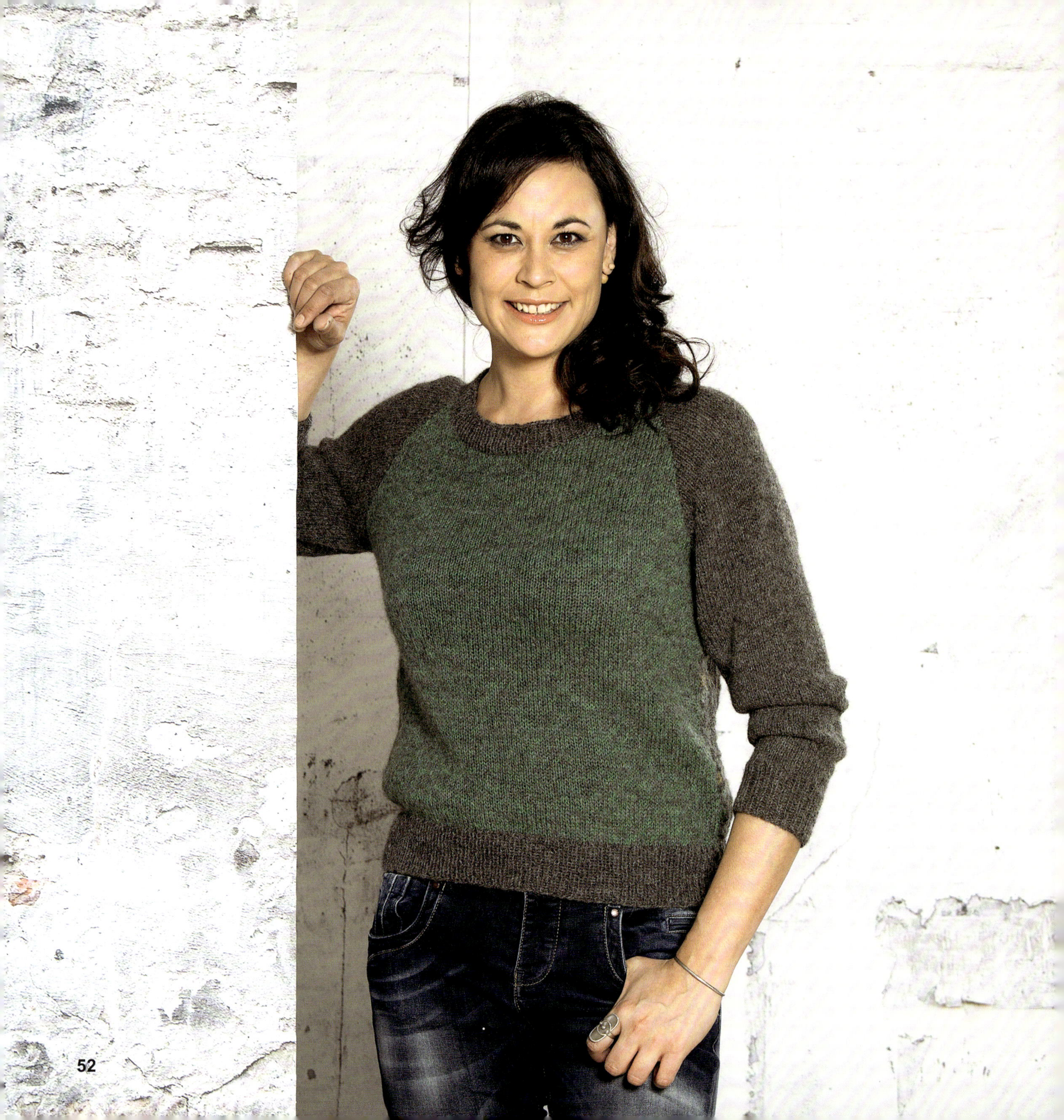

VERWIRRUNG

Gr.: S(M)L(XL)

Halbe Oberweite: 47(50)54(57) cm
Länge: 57(58)58(60) cm
Innere Ärmellänge: 44 cm

Material
A: 150(150)150(200)g Isager Alpaca 1 Farbe 4s.
B: 150g Isager Tvinni Farbe 4s
C: 100g Isager Tvinni Farbe 56s
D: 20g Isager Tvinni Farbe 46s
E: 20g Isager Highland Farbe Curry
F: 20g Isager Trinni Farbe 37s

Rund- und Strumpfnadeln Nr. 3½ und 4

Maschenprobe in glatt rechts mit A + C gestrickt: 10 cm = 21 M und 28 R
Maschenprobe im Rückenmuster: 10 cm = 23 M und 36 R

RÜCKEN

107(115)123(131) M mit Nd Nr. 3½ und A + B anschl.

Reihe 1 (RückR): *1 re – 1 li*.
Von * bis * wdh. Enden mit 1 re.
Reihe 2: 2 re – *1 li – 1 re*.
Von * bis * wdh. Enden mit 1 re.
Insg 18 R Rippen str.

1 R re str.

Zu Nd Nr. 4 wechseln und im Muster str.

1abhFH: 1 M mit dem Faden hinter der M abheben.
1abhFV: 1 M mit dem Faden vor der M abheben.

Mit A + C str.
Reihe 1 (HinR): *3 re – 1abhFH *.
Von * bis * wdh. Enden mit 3 re.
Reihe 2: 1 re – 2 li – *1abhFV – 3 li*.
Von * bis * wdh. Enden mit 1abhFV – 2 li – 1 re.
Reihe 3: Wie Reihe 1.
Reihe 4: Wie Reihe 2.

Mit A + B str.
Reihe 5-6: Alle M re str.

Mit A + D str.
Reihe 7: 1 re – *1abhFH – 3 re*.
Von * bis * wdh. Enden mit 1abhFH – 1 re.
Reihe 8: 1 re – *1abhFV – 3 li*.
Von * bis * wdh. Enden mit 1abhFV – 1 re.
Reihe 9: Wie Reihe 7.
Reihe 10: Wie Reihe 8.

Mit A + B str.
Reihe 11-12: Alle M re str.

Die Reihen 1-12 mit willkürlichem Farbwechsel zwischen C, D, E und F in den Reihen 1-4 und 7-10 wdh.
Insg 18 Effektstreifen str. Keine 2 R re mit A + B str.
Der Rücken misst ca. 36 cm.

Für die Armausschnitte mit A + B abk:
Reihe 1 (HinR): 3(4)6(7) M abk – die R zu Ende str.
Reihe 2: 3(4)6(7) M abk – die R zu Ende str.
Es sind nun 101(107)111(117) M.

Zu einer Effektfarbe wechseln und im Muster weiter str.
GLEICHZEITIG Abn str: In jeder HinR am Anfang und Ende 2 M re zus str, bis insg 30(33)33(36) Abn an jeder Seite gestrickt sind = 41(41)45(45) M.

Es sind ab Armausschnitt nun 10(11)11(12) Effektstreifen + 1 R re mit A + B gestrickt.
Nach der letzten Abn eine RückR re str.
Die M für den Nacken stilllegen.

VORDERTEIL

M wie am RÜCKEN anschl und 19 R Rippen str.
B abschneiden.

Zu Nd Nr. 4 wechseln und das restliche Vorderteil mit A + C str.
In der HinR Abn str: 7(2)6(10) re – *2 re zus – 11(10)10(10) re*.
Von * bis * wdh. Enden mit 2 re zus – 7(3)7(11) re = 99(105)113(121) M.

Glatt rechts weiter str, bis das Vorderteil ca. 36 cm misst.

Für den Armausschnitt am Anfang der nächsten 2 R 3(4)6(7) M abk = 93(97)101(107) M.

Am Anfang der nächsten 4 R 2 M abk = 2-mal an jeder Seite = 85(89)93(99) M.

Insg 11(13)11(14)-mal am Anfang und Ende jeder HinR 2 M re zus str = 63(63)71(71) M.

In der nächsten RückR für den Halsausschnitt abk:
26(26)30(30) M str – 11 M abk – 26(26)30(30) M str (die 1. M ist bereits auf der Nd).
Jede Seite für sich fertig str.

LINKE SEITE:
Am Anfang der HinR die Abn weiter str.
Am Anfang der RückR für den Ausschitt abk:
1-mal 5 M.
1-mal 4 M.
1-mal 3 M.
2(3)4(4)-mal 2 M.
Für den Halsausschnitt keine weiteren M abk, jedoch die Abn am Anfang der HinR fortsetzen, bis keine M mehr vorhanden sind.

RECHTE SEITE:
An der Halsseite beg und für den Ausschnitt auf die gleiche Weise abk wie an der linken Seite – gleichzeitig die Abn am Ende der HinR weiter str.
Wie die LINKE SEITE fertig str.

ÄRMEL

44(48)48(52) M mit Strumpfnd Nr. 3½ und A + B anschl.
18 Rd Rippen str: *1 re – 1 li*. Von * bis * wdh.

Zu Nd Nr. 4 wechseln und den restlichen Ärmel mit A + B str.
5 Rd glatt rechts str.

Zunahmen str: 1 re – 1 neue re, dafür den Faden zw den M aufnehmen und re verschr str – bis zur letzten M re str – 1 neue re – 1 re = 46(50)50(54) M.

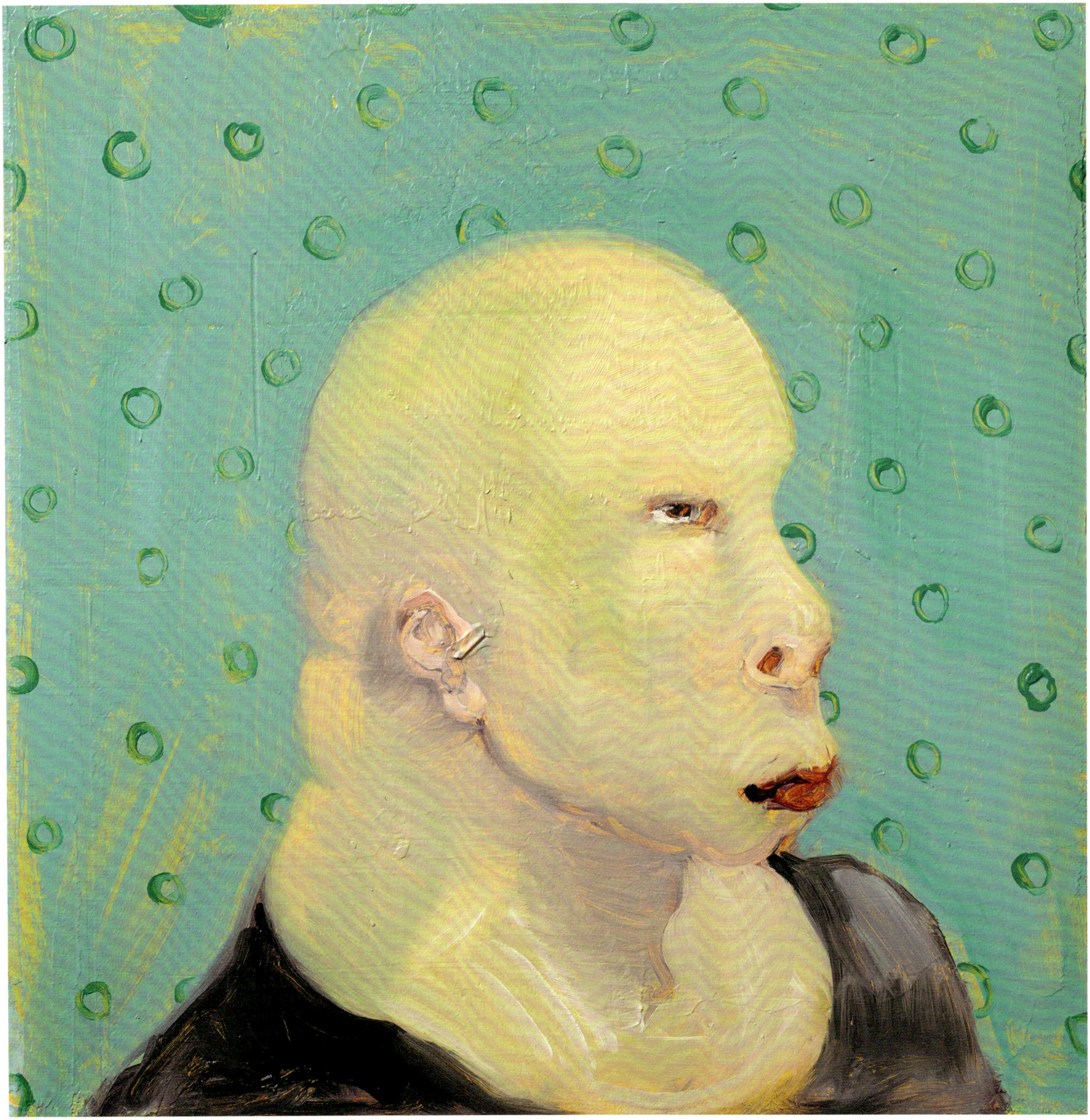

Die Zun in jeder 7.(6.)6.(5.) Rd wdh, bis es 72(78)82(90) M sind.
Weiter str, bis der Ärmel ca. 44 cm misst.

Den Ärmel nun teilen und dafür am Anfang der Rd 3(4)6(7) M abk.
Die Rd re zu Ende str. Wenden.
Am Anfang der RückR auch 3(4)6(7) M abk – die R li zu Ende str.

Ab hier in Reihen hin und her str.
Weiter glatt rechts str.

Beidseitig am Anfang der R 1-mal 2 M abk = 62(66)66(72) M.

In allen HinR insg 23(24)24(27)-mal am Anfang und Ende der R 2 M re zus str = 16(18)18(18) M.
Nach der letzten Abn 1 R str.
Die Fäden abschneiden.
Die letzten M stilllegen.

Den zweiten Ärmel genauso str, aber die Fäden nicht abschneiden.

HALSRAND

Den Rücken und den ersten Ärmel wieder auf die Nd heben.
Mit A + B und Nd Nr. 3½ str.
Die 16(18)18(18) Ärmelmaschen re str – 53(53)57(57) M aus dem Halsausschnitt am Vorderteil str – 15(17)17(17) M des zweiten Ärmels str – die letzte M mit der ersten Rückenmasche re zus str – die 39(39)43(43) Rückenmaschen re str – die letzte M mit der ersten Ärmelmasche re zus str = 124(128)136(136) M.

10 Rd Rippen str: *1 re – 1 li*.
Von * bis * wdh.
Mit rechten M abk.

FERTIGSTELLUNG

Die Seitennähte zusammennähen.
Vor dem Einnähen die Ärmel mit Nadeln in den Armausschnitt heften Von außen einnähen.
Die Fäden vernähen.

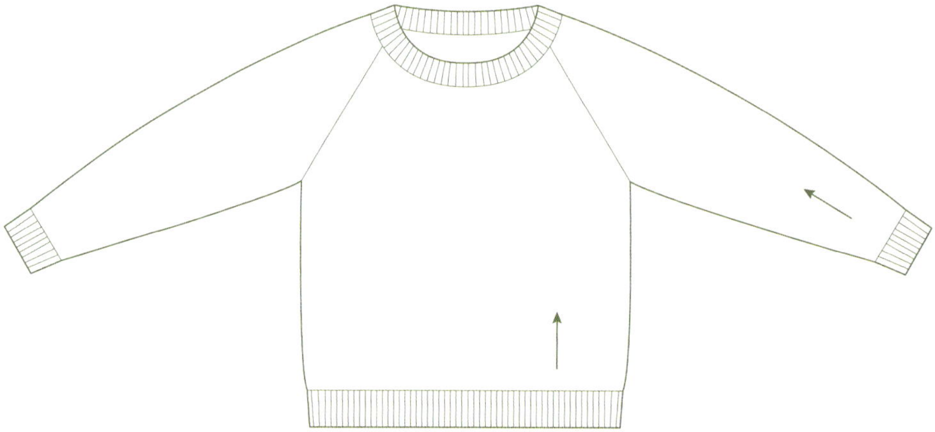

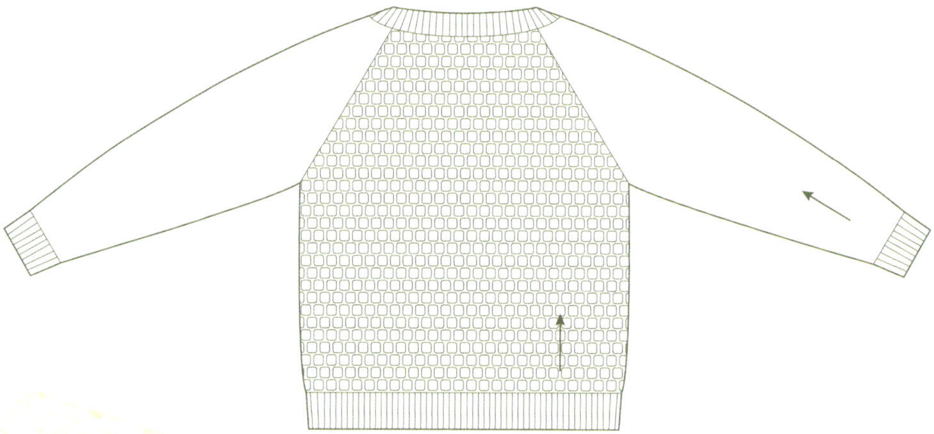

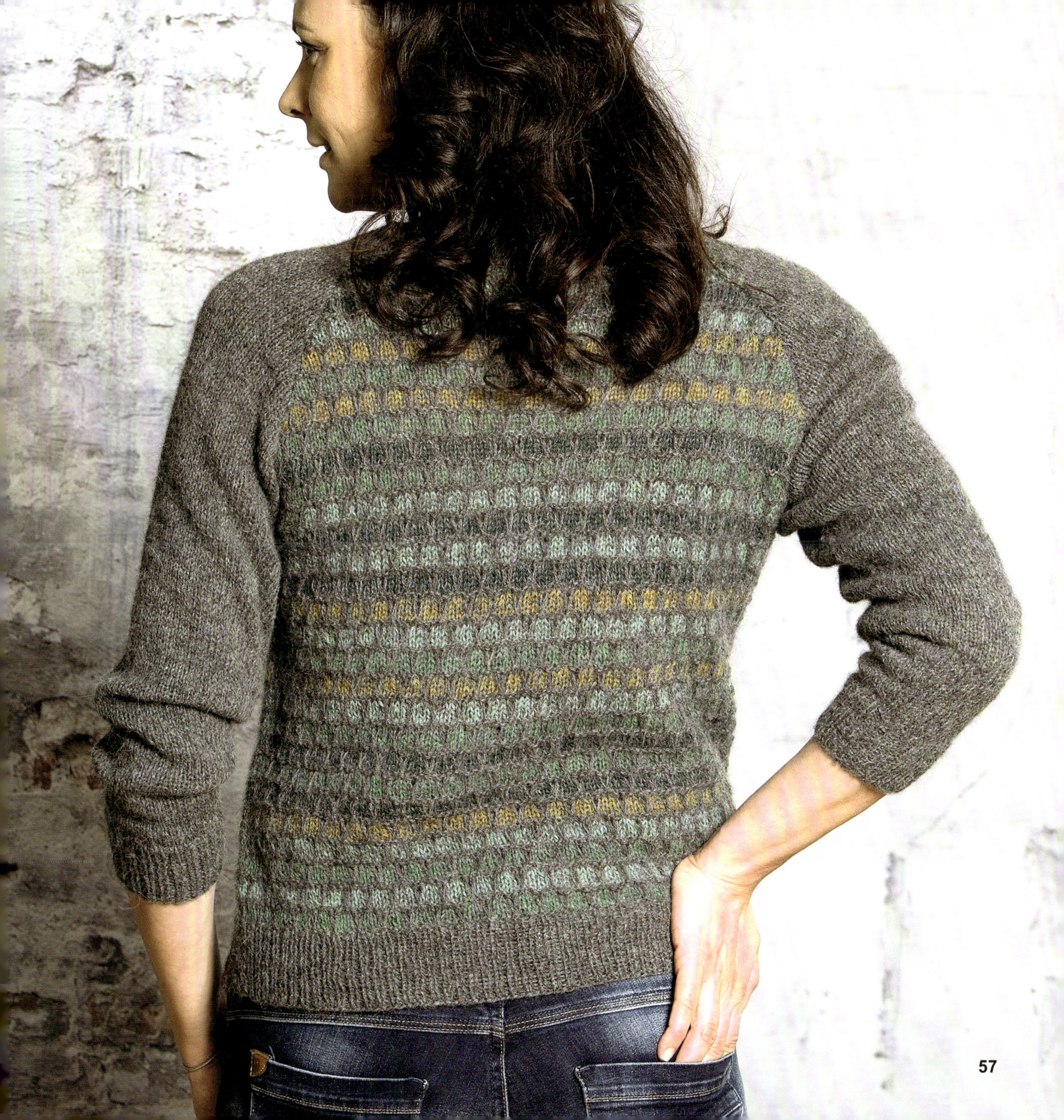

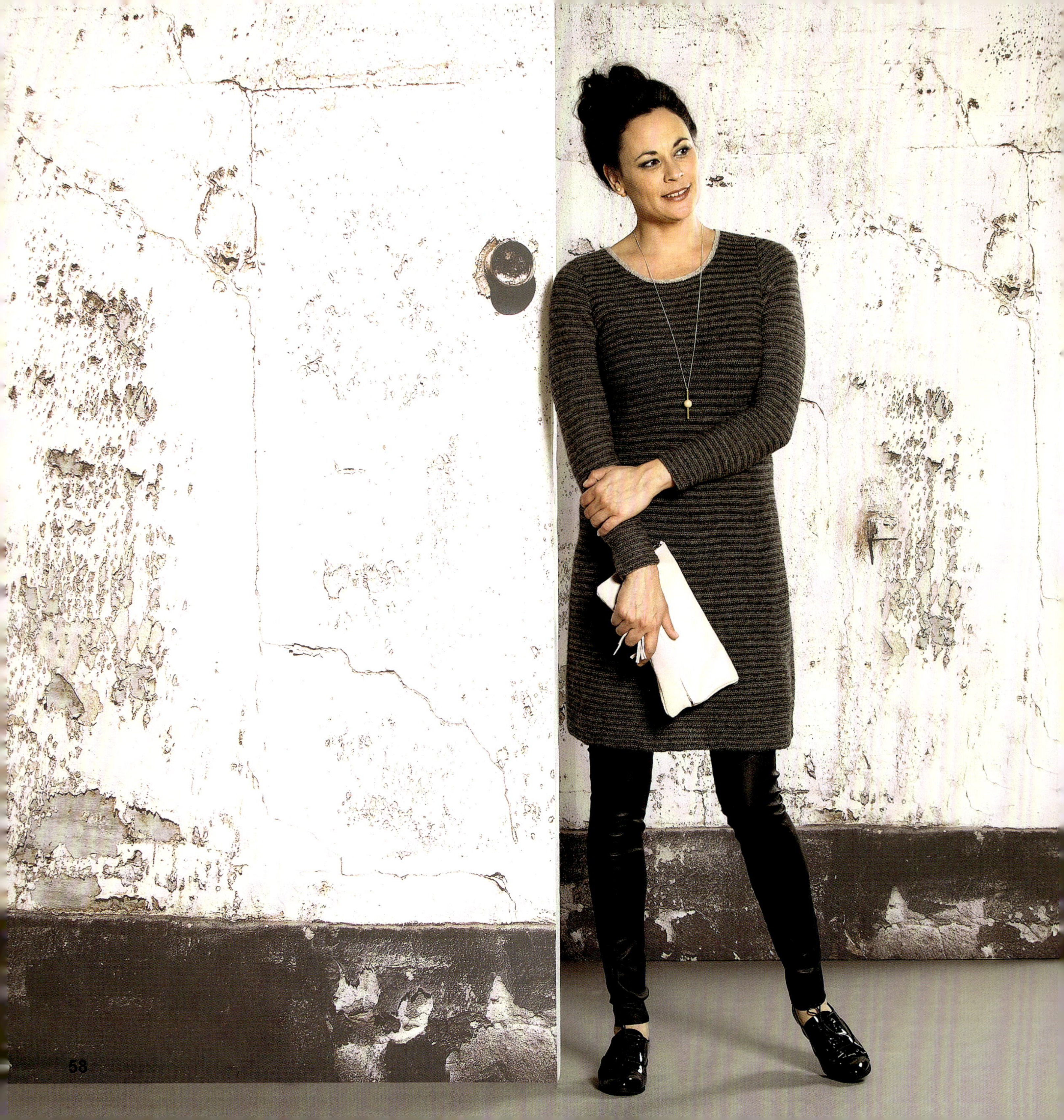

ROTE OHREN

Gr.: S(M)L(XL)

Halbe Oberweite: 45(48)52(55) cm
Länge: 90 cm
Innere Ärmellänge: 42 cm

Material
A: 250(300)300(300)g Isager Highland Farbe Charcoal
B: 150(200)200(200)g Isager Alpaca 2 Farbe 4s
C: 10g Isager Tvinni Farbe 61s

Nadeln Nr 2½ und 3

Maschenprobe kraus rechts mit Nd Nr. 3 gestrickt: 10 cm = 27 M und 54 R
Maschenprobe im Muster mit Nd Nr. 3: 10 cm = 27 M und 48 R

Der Pullover wird von oben nach unten gestrickt.
Die Außenseite des Pullovers ist die Seite mit den meisten Linksmaschen.

RÜCKEN LINKE SCHULTER

18(20)20(22) M mit A und Nd Nr. 3 anschl.
Reihe 1 (I linR): 18(20)20(22) re.
Zu B wechseln:
Reihe 2: 18(20)20(22) re.
Reihe 3: 1 re – 16(18)18(20) li – 1 re.

Zu A wechseln:
Reihe 4 (RückR): Aus der ersten Masche 2 M str, dafür erst 1 M aus dem vorderen, dann 1 M aus dem hinteren Maschenbogen str – 17(19)19(21) re.
Reihe 5: 19(21)21(23) re.
Reihe 6: Aus der ersten Masche 2 M str – 18(20)20(22) re.
Reihe 7: 20(22)22(24) re.

Zu B wechseln:
Reihe 8 (RückR): Aus der ersten Masche 2 M str – 19(21)21(23) re.
Reihe 9: 1 re – 19(21)21(23) li – 1 re.

Zu A wechseln:
Reihe 10-13: 4 R re str, dabei in den RückR aus der ersten Masche 2 M str = 23(25)25(27) M.
Zu B wechseln:
Reihe 14: Aus der ersten Masche 2 M str – 22(24)24(26) re.
Reihe 15: 1 re – 22(24)24(26) li – 1 re.
Die Fäden abschneiden.

Es sind nun 3 Streifen mit B gestrickt.

RÜCKEN RECHTE SCHULTER

Den Anschlag und die ersten 3 R wie bei der linken Schulter str.

Zu A wechseln:
Reihe 4-7: 4 R re str, dabei in den RückR aus der letzten Masche 2 M str = 20(22)22(24) M.
Zu B wechseln:
Reihe 8: 19(21)21(23) re – aus der letzten Masche 2 M str.
Reihe 9: 1 re – 19(21)21(23) li – 1 re.

Zu A wechseln:
Reihe 10-13: 4 R re str, dabei in den RückR aus der letzten Masche 2 M str = 23(25)25(27) M.
Zu B wechseln:
Reihe 14: 22(24)24(26) re – aus der letzten Masche 2 M str.
Reihe 15: 1 re – 22(24)24(26) li – 1 re.

Es sind nun 3 Streifen mit B gestrickt.
Die Fäden NICHT abschneiden.

RÜCKEN

Mit A 24(26)26(28) re über die rechte Schulter str – 32(32)34(34) neue M in Verlängerung der M auf der Nd anschl – 24(26)26(28) re über die linke Schulter str = 80(84)86(90) M.
3 R re str.
Zu B wechseln: 1 R re – 1 R li str.
Es sind nun 4 Streifen mit B gestrickt.

MUSTER:
Mit A str: 4 R re.
Mit B str: 1 R re – 1 R li.

Diese 6 R wdh, bis insg 8 Streifen mit B gestrickt sind.
Im Muster weiter str.
In dem 9. Streifen mit B in der 1. R Zun für den Armausschnitt str, dafür aus der ersten und letzten Masche 2 M str = 82(86)88(92) M.

Die Zun in den B-Streifen weitere 1(2)3(4)-mal str = 84(90)94(100) M.
Direkt nach einem B-Streifen enden.
Es sind nun 10(11)12(13) B-Streifen gestrickt.

Die Zun nun in allen RückR str, bis 14(15)16(17) B-Streifen gestrickt sind = 108(114)118(124) M.
Direkt nach einem B-Streifen enden.
Der Armausschnitt misst 17(18)20(21) cm.
B abschneiden.

Mit A str.
7(8)11(12) neue M in Verlängerung der nächsten beiden R anschl = 122(130)140(148) M.
Der Armausschnitt ist nun fertig.

Noch 2 R re str.

Im Muster wie bisher weiter str.
1. Abnahme im 7. B-Streifen nach dem Armausschnitt str, dafür am Anfang und Ende der ersten Reihe 2 M re zus str = 120(128)138(146) M.

2. Abnahme im 10. B-Streifen nach dem Armausschnitt: 2 re zus – 46(49)53(56) re – 2 re zus – 20(22)24(26) re – 2 re zu – 46(49)53(56) re – 2 re zus = 116(124)134(142) M.

3. Abnahme im 13. B-Streifen nach dem Armausschnitt: 2 re zus – 46(49)53(56) re – 2 re zus – 16(18)20(22) re – 2 re zus – 46(49)53(56) re – 2 re zus = 112(120)130(138) M.

1. Zunahme im 16. B-Streifen: 2 M aus erster Masche – 46(49)53(56) re – 1 neue re, dafür den Faden zw den M aufnehmen und verschr str – 18(20)22(24) re – 1 neue re – 46(49)53(56) re – 2 M aus letzter Masche = 116(124)134(142) M.

2. Zunahme im 19. B-Streifen: 2 M aus erster Masche – 46(49)53(56) re – 1 neue re – 22(24)26(28) re – 1 neue re – 46(49)53(56) re – 2 M aus letzter Masche = 120(128)138(146) M.

3. Zunahme im 22. B-Streifen: 2 M aus erster Masche – 46(49)53(56) re – 1 neue re – 26(28)30(32) re – 1 neue re – 46(49)53(56) re

– 2 M aus letzter Masche = 124(132)142(150) M.

4. Zunahme im 25. B-Streifen: 2 M aus erster Masche – 46(49)53(56) re – 1 neue re – 30(32)34(36) re – 1 neue re – 46(49)53(56) re – 2 M aus letzter Masche = 128(136)146(154) M.

5. Zunahme im 28. B-Streifen: 2 M aus erster Masche – 46(49)53(56) re – 1 neue re – 34(36)38(40) re – 1 neue re – 46(49)53(56) re – 2 M aus letzter Masche = 132(140)150(158) M.

6. Zunahme im 31. B-Streifen: 2 M aus erster M – 46(49)53(56) re – 1 neue re – 38(40)42(44) re – 1 neue re – 46(49)53(56) re – 2 M aus letzter Masche = 136(144)154(162) M.

7. Zunahme im 34. B-Streifen: 2 M aus erster M – 46(49)53(56) re – 1 neue re – 42(44)46(48) re – 1 neue re – 46(49)53(56) re – 2 M aus letzter Masche = 140(148)158(166) M.

Das Muster ohne Zun weiter str, bis der gesamte Rücken 90 cm misst = 74 B-Streifen.
2 R re mit A str.
Alle M abk.

VORDERTEIL RECHTE SCHULTER

18(20)20(22) M mit A und Nd Nr. 3 anschl.
Reihe 1 (HinR): 18(20)20(22) re.

Zu B wechseln: 1 R re – 1 R li str.
Zu A wechseln: 4 R re str.
Zu B wechseln: 1 R re – 1 R li str.
Zu A wechseln: 4 R re str.
Es sind nun 2 Streifen mit B gestrickt.

Zu B wechseln und Zun für den Halsausschnitt str:

Aus der ersten Masche 2 M str – 17(19)19(21) re.
1 R li str.

Im Muster und mit den Zun am Anfang der ersten B-Reihe weiter str, bis insg 7(7)8(8) B-Streifen gestrickt sind = 23(25)26(28) M.

Zun am Anfang aller RückR str, bis insg 9(9)10(10) B-Streifen gestrickt sind = 29(31)32(34) M.
Direkt nach einem B-Streifen enden.
Die Fäden abschneiden.

VORDERTEIL LINKE SCHULTER

Wie die rechte Schulter str, aber die Zun am Ende der RückR str, also spiegelverkehrt zur rechten Schulter.
Die Fäden NICHT abschneiden.

VORDERTEIL

Mit A über die linke Schulter str – 22(22)24(24) neue M in Verlängerung der M auf der Nd anschl – die rechten Schultermaschen str = 80(84)88(92) M.
3 R re str.

Zun in der ersten R des nächsten B-Streifens str, dafür aus der ersten und letzten Masche 2 M str = 82(86)90(94) M.

Die Zun in den B-Streifen weitere 1(2)2(3)-mal str = 84(90)94(100) M.
Direkt nach einem B-Streifen enden.
Es sind nun 11(12)13(14) B-Streifen gestrickt.

Nun Zun in allen RückR str, bis 14(15)16(17) B-Streifen gestrickt sind = 102(108)112(118) M.
Direkt nach einem B-Streifen enden.
B abschneiden.
Der Armausschnitt misst 17(18)20(21) cm.

Mit A str.
10(11)14(15) neue M in Verlängerung der nächsten beiden R anschl = 122(130)140(148) M.
Der Armausschnitt ist nun fertig

Noch 2 R re str.

Am Vorderteil werden in der Mitte keine Abn gestrickt, sondern nur an den Seiten, sodass das Vorderteil 4 M breiter als der Rücken ist.
Im Muster wie bisher weiter str.

3-mal Abn in jedem 3. B-Streifen str. Dafür am Anfang und Ende der Reihe 2 M re zus str = 116(124)134(142) M.

1. Zunahme im 16. B-Streifen nach dem Armausschnitt: 2 M aus erster Masche – 26(29)33(36) re – 1 neue re – 62(64)66(68) re – 1 neue re – 26(29)33(36) re – 2 M aus letzter Masche = 120(128)138(146) M.

2. Zunahme im 19. B-Streifen: 2 M aus erster Masche – 26(29)33(36) re – 1 neue re – 66(68)70(72) re – 1 neue re – 26(29)33(36) re – 2 M aus letzter Masche = 124(132)142(150) M.

3. Zunahme im 22. B-Streifen: 2 M aus erster Masche – 26(29)33(36) re – 1 neue re – 70(72)74(76) re – 1 neue re – 26(29)33(36) re – 2 M aus letzter Masche = 128(136)146(154) M.

4. Zunahme im 25. B-Streifen: 2 M aus erster Masche – 26(29)33(36) re – 1 neue re – 74(76)78(80) re – 1 neue re – 26(29)33(36) re – 2 M aus letzter Masche = 132(140)150(158) M.

5. Zunahme im 28. B-Streifen: 2 M aus erster Masche – 26(29)33(36) re – 1 neue re – 78(80)82(84) re – 1 neue re – 26(29)33(36) re – 2 M aus letzter Masche = 136(144)154(162) M.

6. Zunahme im 31. B-Streifen: 2 M aus erster Masche – 26(29)33(36) re – 1 neue re – 82(84)86(90) re – 1 neue re – 26(29)33(36) re – 2 M aus letzter Masche = 140(148)158(166) M.

7. Zunahme im 34. B-Streifen: 2 M aus erster Masche – 26(29)33(36) re – 1 neue re – 86(88)90(94) re – 1 neue re – 26(29)33(36) re – 2 M aus letzter Masche = 144(152)162(170) M.

Wie den Rücken fertig str.

ÄRMEL

Die Farben sind entgegengesetzt zu den Körperfarben.
Der Ärmel wird von oben nach unten gestrickt.

16(16)16(20) M mit Fa B und Nd Nr. 3 anschl.

Reihe 1 (HinR): 16(16)16(20) re.
Zu A wechseln:
Reihe 2: 16(16)16(20) re – 2 M in Verlängerung der M anschl.
Reihe 3: 1 re – 17(17)17(21) li – 2 M in Verlängerung der M anschl.

Zu B wechseln:
4 R re str und dabei in Verlängerung jeder R 2 M anschl = 28(28)28(32) M.

Im Muster weiter str.
Beidseitig in jeder R 10(10)10(13)-mal 2 M aus der letzten Masche str = 48(48)48(58) M.
Es sind nun 5(5)5(6) A-Streifen gestrickt.

Keine Zun mehr in den A-Streifen str – nur noch Zun in den 4 R der B-Streifen str.
Weiter str, bis 12(13)14(14) A-Streifen gestrickt sind = 76(80)84(90) M.

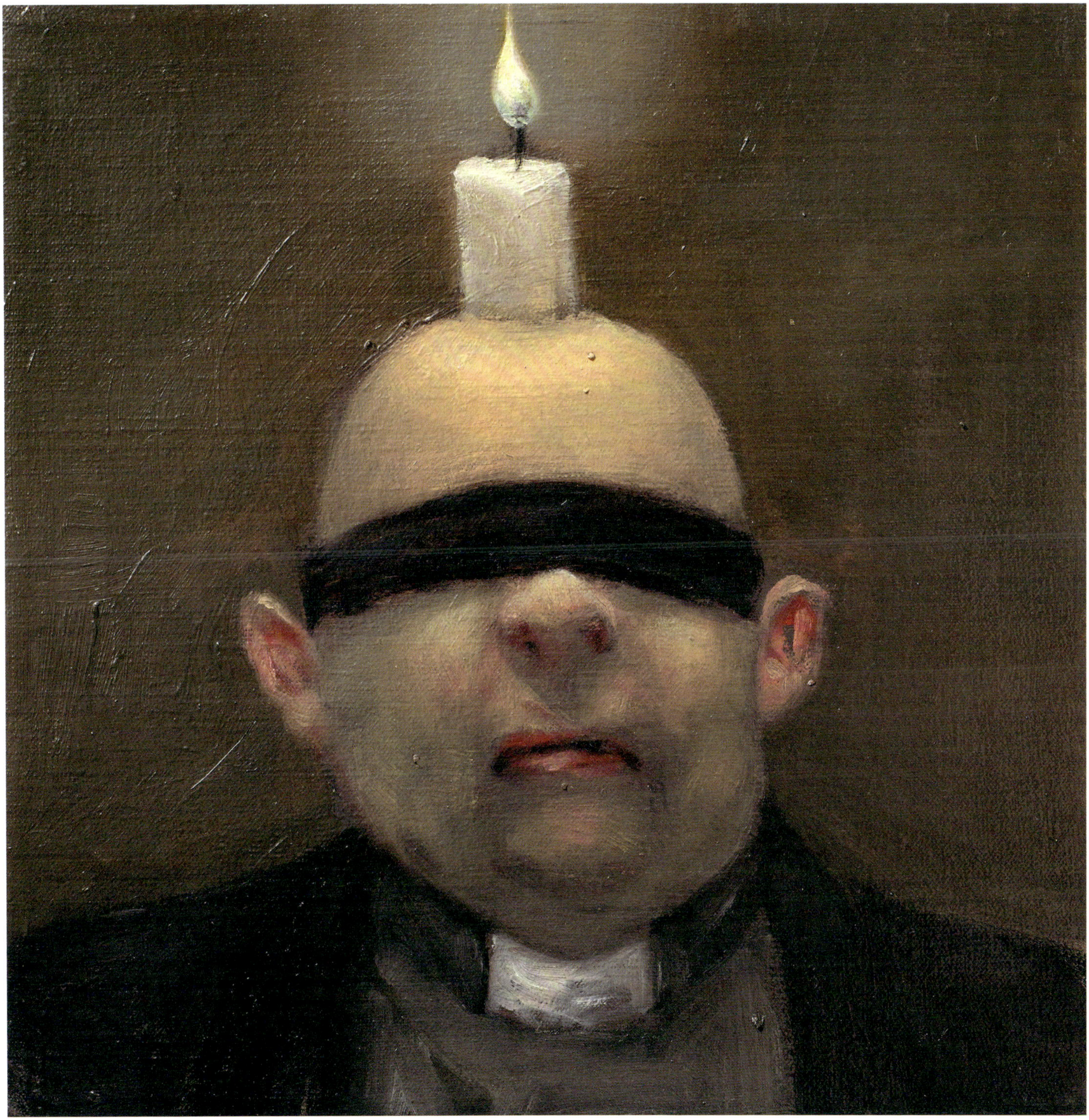

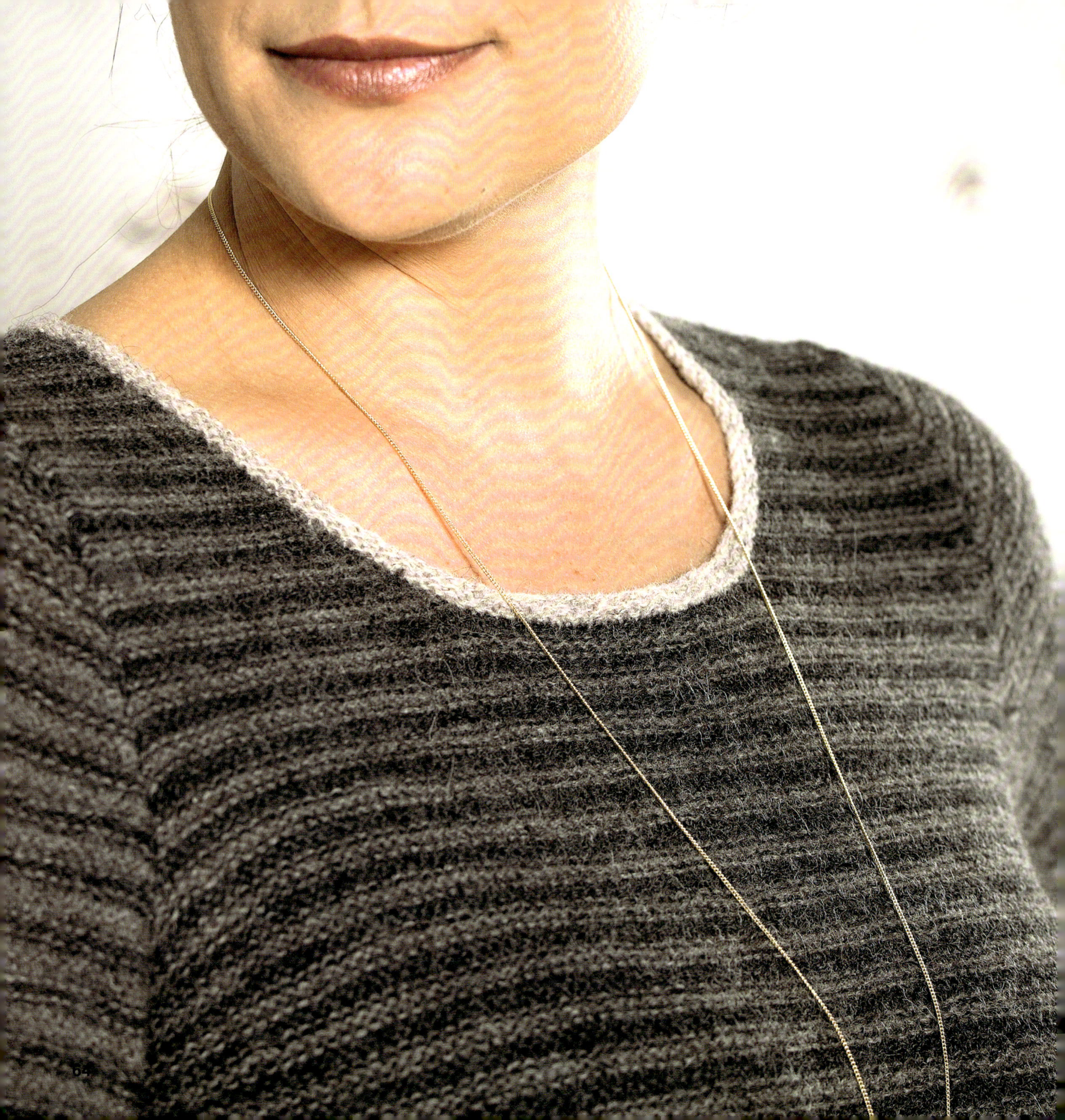

Beidseitig 1-mal in Verlängerung der R 2 M anschl = 80(84)88(94) M.
Beidseitig 1-mal in Verlängerung der R 3 M anschl = 86(90)94(100) M.
Die Armkugel ist fertig.

8(10)10(14) R im Muster str.
Abnahmen str: Am Anfang und Ende der R 2 re zus str= 84(88)92(98) M.
Die Abn in jeder 12.(10.)10.(10.) R wdh, bis es 54(54)58(58) M sind.

Weiter str, bis der Ärmel nach der Armkugel 42 cm misst.
Ab der Armkugel sind nun 33 A-Streifen gestrickt.

2 R re mit B str.
Alle M abk.

Den zweiten Ärmel genauso str.

HALSRAND

Die rechte Schulter des Rückens und Vorderteils zusammennähen.

Mit C und Nd Nr. 2½ M von außen aus dem Halsausschnitt heraus str.
An der linken Seite des Vorderteils beg.

2 M aus den A-Streifen und 1 M aus den B-Streifen heraus str, bis es 21(21)24(24) M sind = die ersten 7(7)8(8) B-Streifen.

2 M aus den A-Streifen und 2 M aus den B-Streifen heraus str, bis es 29(29)32(32) M sind = die nächsten 2 B-Streifen.

22(22)24(24) M aus der vorderen Mitte heraus str.

2 M aus den A-Streifen und 2 M aus den B-Streifen heraus str, bis es 8 M sind.
2 M aus den A-Streifen und 1 M aus den B-Streifen heraus str, bis es 29(29)32(32) M sind.
Die letzten 2 M sind aus der Schulternaht.

Über den Rücken weiter str. In einem B-Streifen beg.
2 M aus den A-Streifen und 2 M aus den B-Streifen heraus str, bis es 10 M sind

32(32)34(34) M aus dem Nacken heraus str.
2 M aus den A-Streifen und 2 M aus den B-Streifen heraus str, bis es 12 M sind.

Der Halsrand hat nun 134(134)144(144) M.
In Reihen hin und her str.
4 R re str.
In einer RückR locker abk.

FERTIGSTELLUNG

Die Schulter und den Halsrand an der linken Seite zusammennähen.
Die Fäden vernähen.
Vor dem Einnähen die Ärmel mit Nadeln in den Armausschnitt heften. Von außen einnähen. Die Seitennähte zusammennähen.

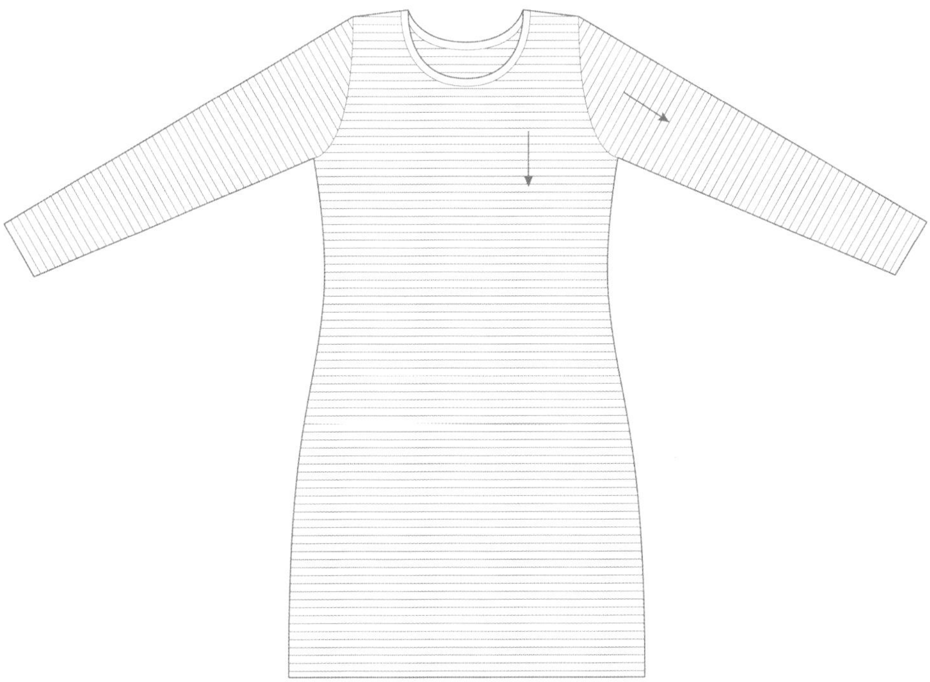

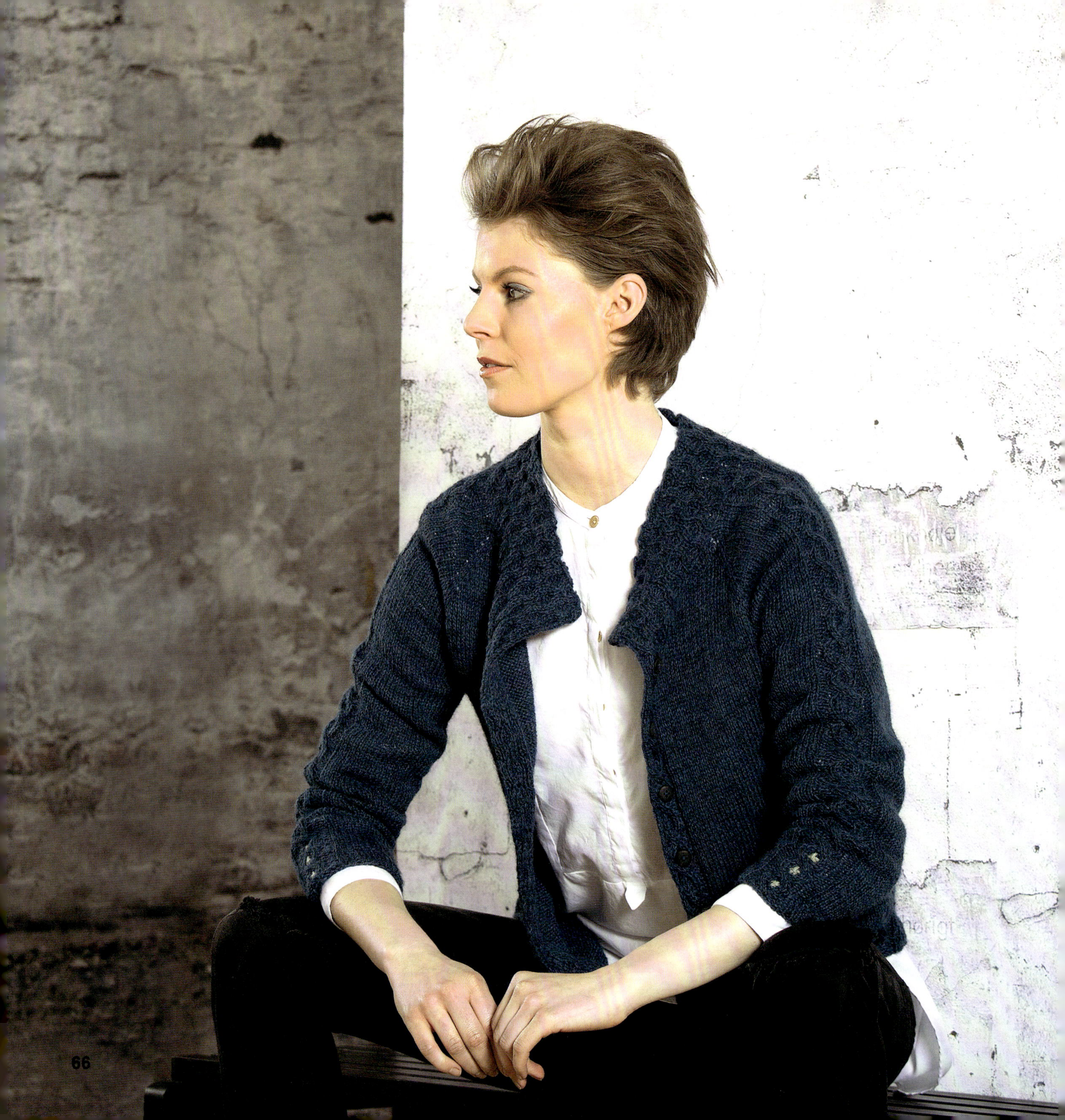

GEWISSEN

Gr.: S(M)L(XL)

Rückenbreite: 46(50)54(58) cm
Länge unterhalb des Kragens: 53(54)55(56) cm
Innere Ärmellänge: 44 cm

Material
150(150)150(200)g Isager Alpaca 1 Farbe 54
200(250)250(250)g Isager Highland Farbe Greece
Die 2 Fäden zusammen verstricken.

2 Meter kontrastfarbiges Garn für die 3 kleinen gestickten Kreuze in beiden Ärmelrändern

8 Knöpfe

Rund- und Strumpfnadeln Nr. 4

Maschenprobe glatt rechts gestrickt: 10 cm = 20 M und 28 R

Die Jacke wird von oben nach unten gestrickt

HALSRAND

156 M mit beiden Qualitäten und Nd Nr. 4 anschlagen. In Reihen hin und her str.
Reihe 1 (RückR): 2 re – 1. R Diagramm A bis zu den letzten 2 M wdh - 2 re.
Reihe 2: 1 re – 1 li – 2. R Diagramm A bis zu den letzten 2 M wdh – 1 li – 1 re.
Die Reihen 1-2 wdh und dabei die 8 Diagrammreihen 3-mal str = 24 R.
Reihe 1 str.

PASSE

Reihe 1 (HinR):
Vorderteil: 1 re – 1 li – 2. R Diagramm B – 2 li – Markierung für den Vorderrand setzen – 22 re.
Ärmel: 6 re – 2 li – 2. R Diagramm B – 2 li – 6 re.
Rücken: 14 re – 2 li – 2. R Diagramm B – 2 li – 14 re.
Ärmel: 6 re – 2 li – 2. R Diagramm B – 2 li – 6 re.
Vorderteil: 2 re str. Die Arbeit wenden.

Reihe 2: Verschr U – 8 li – 2 re – 3. R Diagramm B – 2 re – 20 li – 2 re – 3. R Diagramm B – 2 re – 20 li – 2 re – 3. R Diagramm B – 2 re – 8 li. Die Arbeit wenden.

Reihe 3 mit 1. Zunahme: Verschr U – 1 re – 1 neue re, dafür den Faden zw zwei M aufnehmen und verschr str – 2 re, diese markieren – 1 neue re – 5 re – 2 li – 4. R Diagramm B – 2 li – 5 re – 1 neue re – 2 re, diese markieren – 1 neue re – 13 re – 2 li – 4. R Diagramm B – 2 li – 13 re – 1 neue re – 2 re, diese markieren – 1 neue re – 5 re – 2 li – 4. R Diagramm B – 2 li – 5 re – 1 neue re – 2 re, diese markieren – 1 neue re – 1 re – den U mit der nächsten M re zus str – 1 re str. Die Arbeit wenden.

Reihe 4: Verschr U – 12 li – 2 re – 5. R Diagramm B – 2 re – 22 li – 2 re – 5. R Diagramm B – 2 re – 22 li – 2 re – 5. R Diagramm B – 2 re – 10 li – den U mit der nächsten M li verschr zu str – 1 li str. Die Arbeit wenden.

Reihe 5 mit 2. Zun: Verschr U – 4 re – 1 neue re – 2 re – 1 neue re – 24 M im Muster – 1 neue re – 2 re – 1 neue re – 40 M im Muster – 1 neue re – 2 re – 1 neue re – 24 M im Muster – 1 neue re – 2 re – 1 neue re – 4 re – den U mit der nächsten M re zus str – 2 re. Die Arbeit wenden.

Reihe 6: Verschr U – im Muster bis zum U str und diesen mit der nächsten M li verschr zus str – 2 li. Die Arbeit wenden.

Reihe 7 mit 3. Zun: Verschr U – im Muster bis zum U str und dabei an beiden Seiten der markierten M zun. Den U mit der nächsten M re zus str – 2 re. Die Arbeit wenden.

Die Reihen 6-7 wdh, bis insg 6 Zunahmereihen gestrickt sind.

Reihe 14 mit Abnahme am Reihenende: Verschr U – im Muster bis zum U str, diesen mit den nächsten 2 M li verschr zus str – 2 li. Die Arbeit wenden.

Reihe 15 mit 7. Zun und Abn am Ende: Verschr U – im Muster bis zum U str und dabei an beiden Seiten der markierten M zun. Den U mit den nächsten 2 M re zus str – 1 li. Die Arbeit wenden.

Reihe 16 mit Abn am Ende: Verschr U – im Muster bis zum U str, diesen mit den nächsten 2 M li verschr zus str – 1 re. Die Arbeit wenden.

Reihe 17 mit 8. Zun und Abn am Ende: Verschr U - im Muster bis zum U str und dabei an beiden Seiten der markierten M zun. Den U mit den nächsten 2 M li zus str – Diagramm B – 1 li – 1 re.

Reihe 18: 2 re – Diagramm B – 2 re – 192 M im Muster str – 1 re – den U mit der nächsten M re verschr zus str – Diagramm B – 2 re = 216 M.

Nun wieder über alle M str.
Reihe 19 (HinR): Das Muster mit Raglanzunahmen str. Die erste und letzte M re str.
Reihe 20: Im Muster str.

Reihe 21 mit Knopfloch: Im Muster und mit Zun bis zum Diagramm B am Ende der R str: 2 re – 2 li zus – 2 neue M anschl – 2 li zus – 2 re. Enden mit 1 li – 1 re = 232 M.
In der nächsten R die 2 neuen M laut Diagramm B str.
Das Knopfloch in jeder 16. R wdh, bis insg 8 Knopflöcher gestrickt sind.

Die Zun wie bisher str, bis insg 18(20)22(22) Zunahmereihen gestrickt sind = 296(312)328(328) M.
1 RückR str.

Gr. S:
19. Zun: Zun nur an Ärmeln und Rücken str, keine Zun an den Vorderteilen = 302 M.
20. Zun: Zun wie vorher an allen 8 Stellen str = 310 M.
21. Zun: Wie 19. Zun str = 316 M.
22. Zun: Wie 20. Zun str = 324 M.
3 R str.

Gr. M:
21. Zun: Zun nur an Ärmeln und Rücken str, keine Zun an den Vorderteilen = 318 M.
22. Zun: Zun wie vorher an allen 8 Stellen str = 326 M.
23. Zun: Zun nur am Rücken str, keine Zun an den Ärmeln und Vorderteilen = 328 M.
24. Zun: Wie 22. Zun str = 336 M.
3 R str.

Gr. L:
23. Zun: Zun nur am Rücken str, keine Zun an den Ärmeln und Vorderteilen = 330 M.
24. Zun: Zun wie vorher an allen 8 Stellen str = 338 M.
25. Zun: Wie 23. Zun str = 340 M.
26. Zun: Wie 24. Zun str = 348 M.
1 RückR str.

Gr. XL:
23. Zun: Zun nur am Rücken und den Vorderteilen str, keine Zun an den Ärmeln = 332 M.
24. Zun: Zun wie vorher an allen 8 Stellen str = 340 M.
25. Zun: Zun nur am Rücken str, keine Zun an den Ärmeln und Vorderteilen = 342 M.
26. Zun: Wie 24. Zun str = 350 M.
27. Zun: Wie 25. Zun str = 352 M.
28. Zun: Wie 24. Zun str = 360 M.
1 RückR str.

Der Rücken misst ab Halsrand ca. 16(17)19(20) cm.

52(54)56(58) Vorderteilmaschen str – 68(70)72(74) Ärmelmaschen stilllegen – 8(12)16(20) M in Verlängerung des Vorderteils anschl – 84(88)92(96) Rückenmaschen str – 68(70)72(74) Ärmelmaschen stilllegen – 8(12)16(20) M in Verlängerung des Rückens anschl – 52(54)56(58) Vorderteilmaschen str.

KÖRPER

Nun über die 204(220)236(252) Körpermaschen mit Diagramm B weiterstricken.
Die 8 mittleren M unter den Ärmeln laut Diagramm B str und die selbe Diagrammreihe wie am Rücken und an den Vorderteilen str.

Abn str, wenn unter den Ärmeln 8 cm gestrickt sind:
1. Abn: 47(51)55(59) M im Muster – 2 re verschr zus – 14 M im Muster – 2 re zus –

74(82)90(98) M im Muster – 2 re verschr zus – 14 M im Muster – 2 re zus – 47(51)55(59) M im Muster = 200(216)232(248) M.

11 R im Muster str.
2. Abn str: 13 M im Muster – 2 re zus – 31(35)39(43) M im Muster – 2 re verschr zus – 14 M im Muster – 2 re zus – 27(31)35(39) M im Muster – 2 re verschr zus – 14 re – 2 re zus – 27(31)35(39) M im Muster – 2 re verschr zus – 14 M im Muster – 2 re zus – 31(35)39(43) M im Muster – 2 re verschr zus – 13 M im Muster = 192(208)224(240) M.

11 R im Muster str.
1. Zun: 13 M im Muster – 1 neue re – 33(37)41(45) M im Muster – 1 neue re – 14 M im Muster – 1 neue re – 29(33)37(41) M im Muster – 1 neue re – 14 M im Muster – 1 neue re – 29(33)37(41) M im Muster – 1 neue re – 14 re – 1 neue re – 33(37)41(45) M im Muster – 1 neue re – 13 M im Muster = 200(216)232(248) M.

Die Zun 3 M vor und 3 M nach Diagramm B in jeder 10. R wdh, bis insg 5 Zunahmereihen gestrickt sind = 232(248)264(280) M.
Die Arbeit misst unter den Ärmeln ca. 31 cm.
Die letzte R soll die 3. Diagrammreihe sein.

Eine HinR str: 12 M im Muster str – 1 re – 1 neue re – *2 li – 2 re*. Von * bis * bis 2 M vor Diagramm B an der Seitennaht str.
12 M im Muster str – 1 re – 1 neue re – *2 li – 2 re*. Von * bis * bis 2 M vor Diagramm B am Rücken str.
12 M im Muster str – 1 re – 1 neue re – *2 li – 2 re*. Von * bis * bis 2 M vor Diagramm B an der Seitennaht str.
12 M im Muster str – 1 re – 1 neue re – *2 li – 2 re*. Von * bis * bis 2 M vor Diagramm B an dem Vorderrand str.
Enden mit 12 M im Muster.

Eine RückR str:
12 M im Muster str – *2 li – 2 re*. Von * bis * bis Diagramm B an der Seitennaht str.
12 M im Muster str –*2 li – 2 re*. Von * bis * bis Diagramm B am Rücken str.
12 M im Muster str –*2 li – 2 re*. Von * bis * bis Diagramm B an der Seitennaht str.
12 M im Muster str –*2 li – 2 re*. Von * bis * bis Diagramm B an dem Vorderrand str.
Enden mit 12 M im Muster.

Noch 5 R Rippen mit Diagramm B str.
In einer RückR in Rippen abk.

ÄRMEL

Mit beiden Qualitäten zusammen und Nd Nr. 4 str.
Die Ärmelmaschen wieder auf die Nd heben.

8(12)16(20) M aus den angeschlagenen M unter den Ärmeln heraus str und über die 68(70)72(74) Ärmelmaschen weiter str = 76(82)88(94) M.
0(2)4(6) re str. Eine Markierung für den Rundenbeginn setzten.

Nächste Rd: Die ersten 8 M laut Diagramm B str, mit der selben Diagrammreihe wie in der Ärmelmitte – 2 li – im Muster und mit Diagramm B in der Ärmelmitte str, bis noch 2 M übrig sind – 2 li.
7(3)11(7) Rd auf diese Weise str.

Abnahmen str: Diagramm B str – 2 li – 1 re – 2 re zus – im Muster str, bis noch 5 M übrig sind – 2 re verschr zus – 1 re – 2 li.

Die Abn in jeder 8.(8.)6.(6.) Rd wdh, bis insg 13(14)16(17) Abnahmereihen gestrickt sind = 50(54)56(60) M.
Es sind 17(19)20(22) M zwischen den Diagrammen B.

Weiter str, bis der Ärmel ca. 42 cm misst.

Die letzte Rd soll die 3. Diagrammreihe sein.

Rippen str:
Gr. S: *8 M laut Diagramm B – 2 li – 1 re – 1 neue re – 2 li – 2 re – 2 li – 2 re – 2 li – 2 re – 2 li*. Von * bis * wdh = 52 M.

Gr. (M): *8 M laut Diagramm B str – 2 li – 2 re zus – 1 re – 2 li – 2 re – 2 li – 2 re – 2 li – 2 re – 2 li*. Von * bis * wdh = 52 M.

Gr. L: *8 M laut Diagramm B str – 2 li – 2 re zus – 1 re – 2 li – 2 re – 2 li – 2 re – 2 li – 2 re zus – 1 re – 2 li*. Von * bis * wdh = 52 M.

Gr. (XL): 8 M laut Diagramm B str – *2 li – 2 re*. Von * bis * insg 4-mal str. Enden mit 2 li. Dasselbe noch einmal str.

Alle Gr.:
Noch 6 Rd Rippen mit Diagramm B über den 2 x 8 M str.
Die letzte Rd soll die 3. Diagrammreihe sein.
In Rippen abk.

FERTIGSTELLUNG

Die Fäden vernähen und die Knöpfe annähen. Mit der Kontrastfarbe 3 kleine Doppelkreuze in die Mitte der 3 untersten Zöpfe sticken: Den Faden doppelt legen. Mit lockeren Stichen ein Kreuz von einer zur anderen Seite in das “Loch” des Zopfes sticken.
Darüber 2 weitere Stiche zu einem Stern sticken, einmal von oben nach unten und einmal diagonal über das Kreuz.

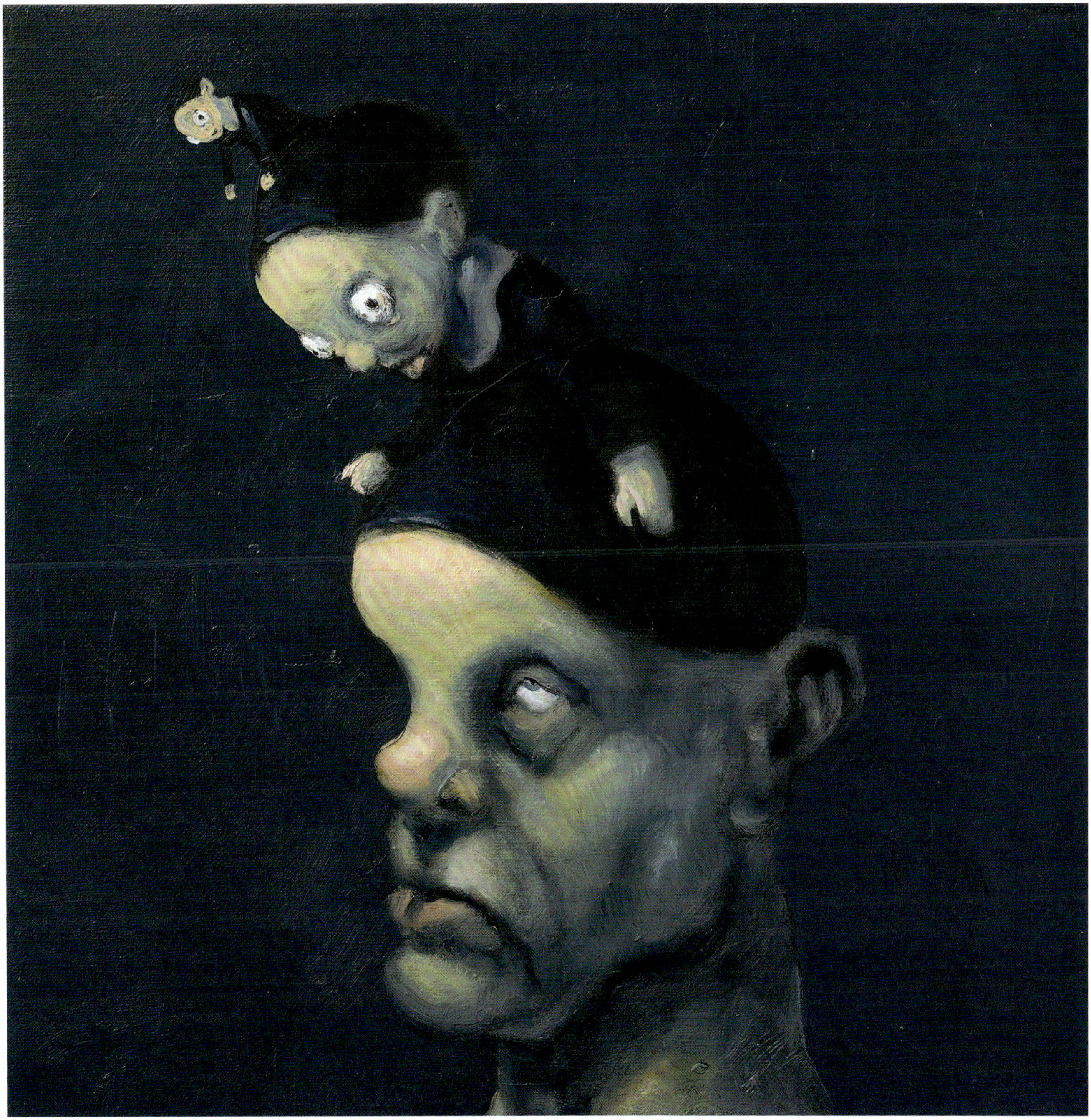

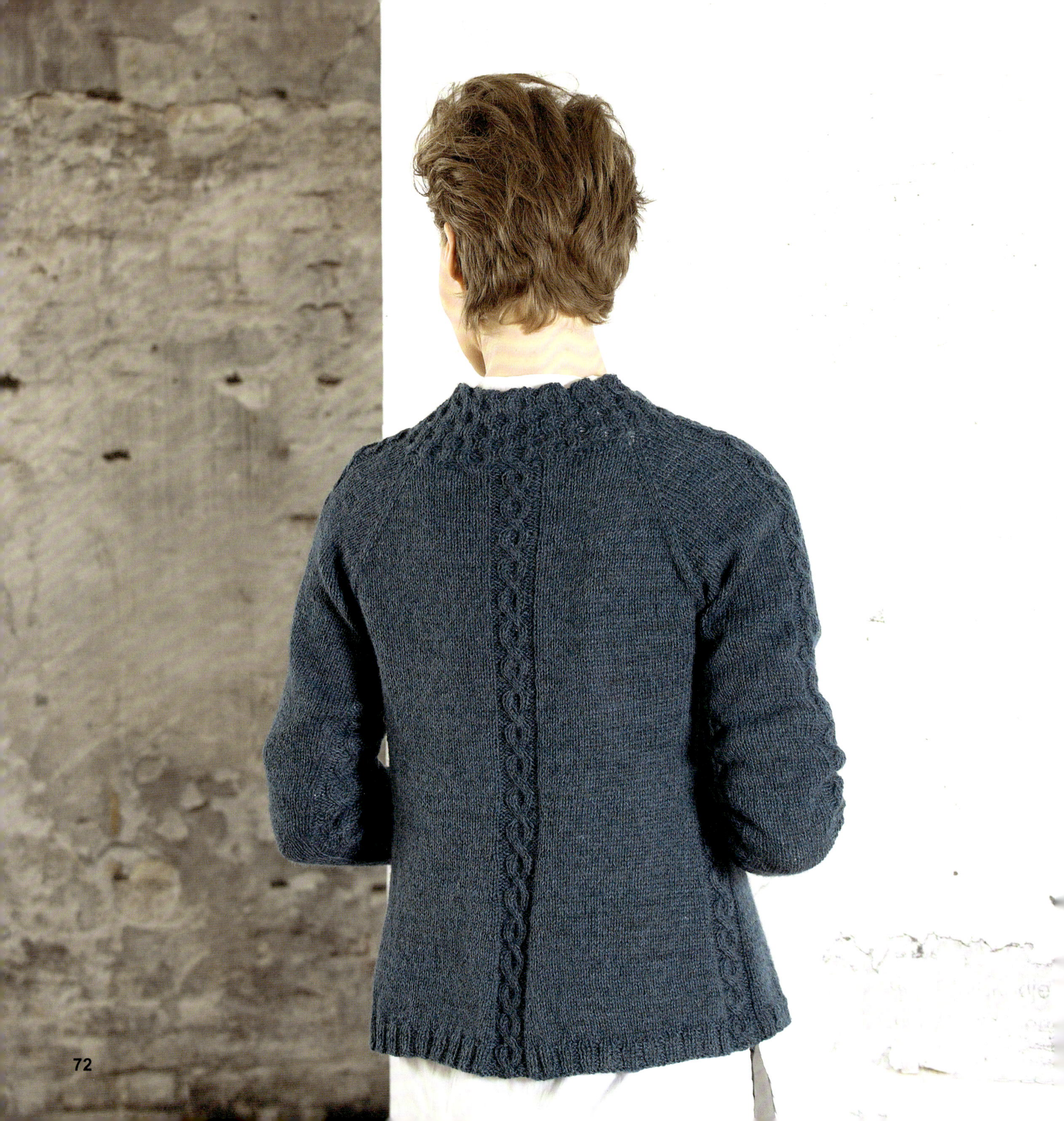

DIAGRAMM A

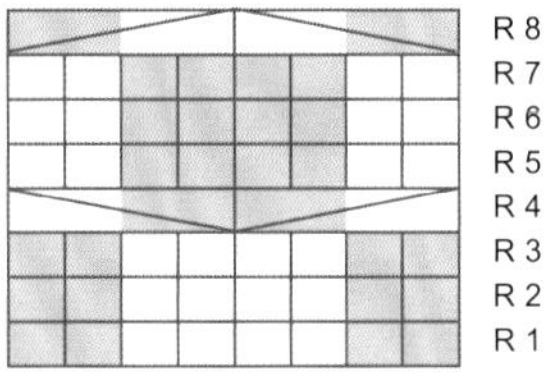

DIAGRAMM B

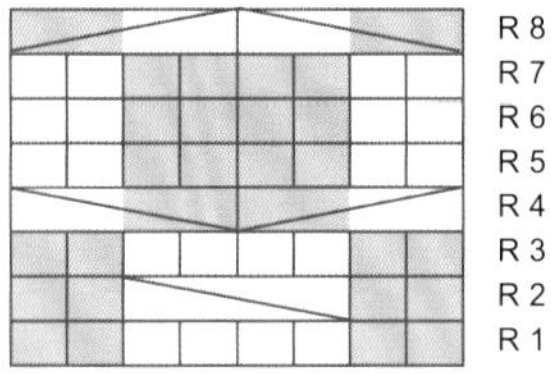

 = li in den HinR und re in den RückR

 = re in den HinR und li in den RückR

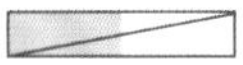 = 2 M auf eine Hilfsnd hinter die Arbeit legen – 2 re – die 2 M der Hilfsnd li str

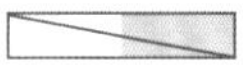 = 2 M auf eine Hilfsnd vor die Arbeit legen – 2 li – die 2 M der Hilfsnd re str

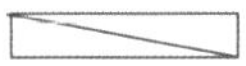 = 2 M auf eine Hilfsnd vor die Arbeit legen – 2 re – die 2 M der Hilfsnd re str

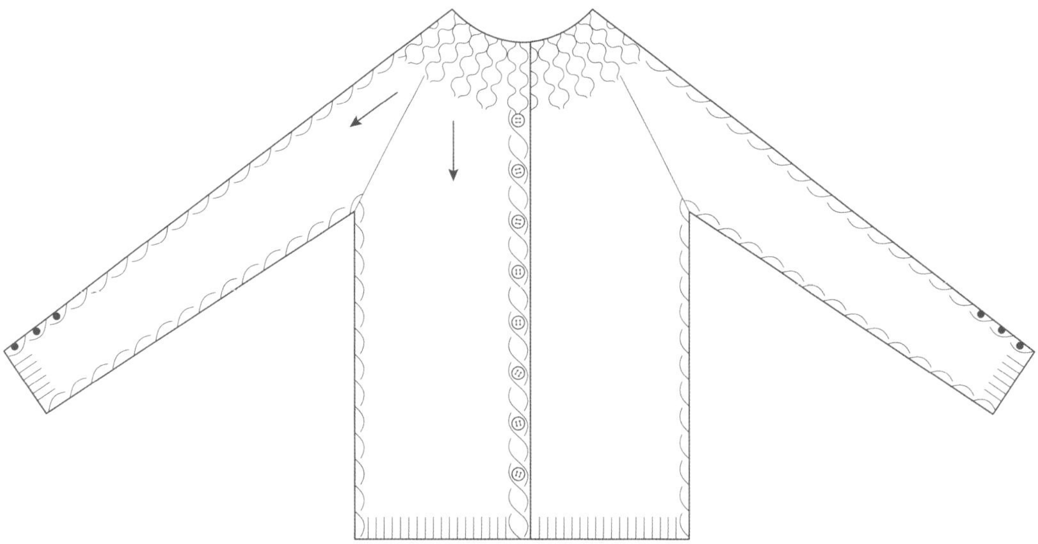

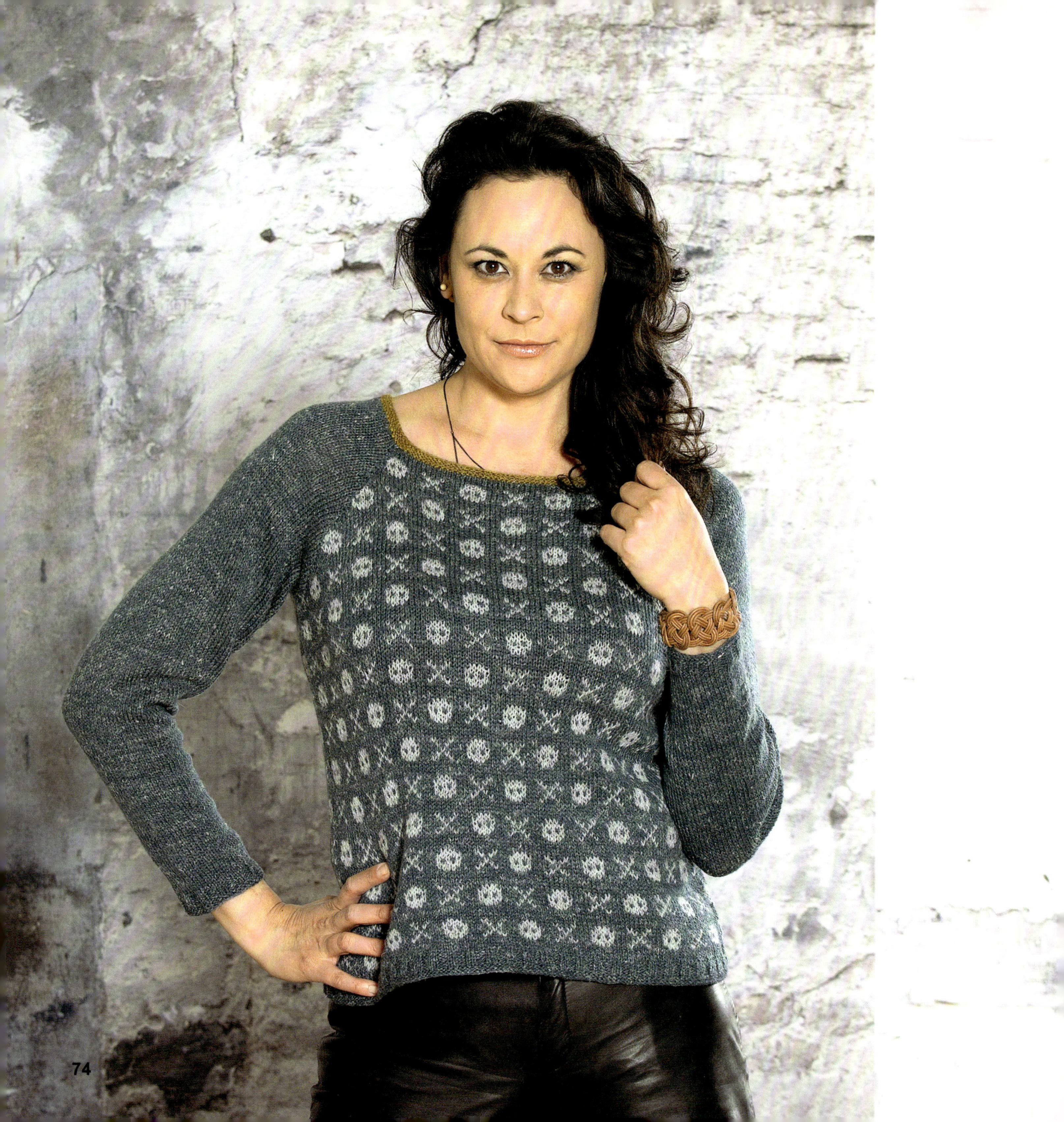

BÜROKRAT

Gr.: S(M)L(XL)

Halbe Oberweite: 47(50)53(57) cm
Länge: 54(54)57(57) cm
Innere Ärmellänge: 42 cm

Material
A: 250(250)250(300)g Isager Merilin Farbe 16
B: 50g Isager Tvinni Farbe 10s
C: 10g Isager Highland Farbe Curry

Strumpf- und Rundnd Nr. 3½ und 4. Kurze Rundnd Nr. 3 für den Halsrand

Maschenprobe glatt rechts und mit Nd Nr. 4 gestrickt: 10 cm = 24 M und 30 R

KÖRPER

224(240)256(272) M mit Rundnd Nr. 3½ und A anschl.
3 R re hin und her str.

Nächste R (HinR): *2 re – 2 li*. Von * bis * str. Nun in Rd weiter str, bis insg 5 Rd Rippen gestrickt sind.

Zu Nd Nr. 4 wechseln.
Laut Diagramm und glatt rechts weiter str.

Wenn das Diagramm 5½-mal gestrickt ist, nach einer 10. Diagrammreihe enden.
Die Arbeit misst ca. 36 cm.

In der 11. Diagrammreihe für die Armausschnitte abk:
103(111)119(127) re – 17 M abk – 95(103)111(119) re (die 1. M ist bereits auf der Nd) – 17 M abk (die letzten M gehören mit zum Vorderteil).
Die Fäden nicht abschneiden.
Jede Seite hat nun 95(103)111(119) M.

VORDERTEIL

Über das Vorderteil weiter str. Die erste M ist bereits auf der Nd.
Das Muster nun in Reihen hin und her str.

Am Anfang jeder R abk. In einer RückR beg.
Beidseitig am Anfang der R 0(2)0(1)-mal 3 M abk = 95(91)111(113) M.
Beidseitig am Anfang der R 9(8)12(13)-mal 2 M abk = 59(59)63(61) M.
Beidseitig am Anfang der R 5(4)6(4)-mal 1 M abk = 49(51)51(53) M.

Gr. L(XL): 1 R ohne Abketten str.

Die Fäden abschneiden.
Die M stilllegen.

RÜCKEN

Das Muster in Reihen hin und her über den Rücken str.
1 HinR str.

Danach am Anfang jeder R abk:
Beidseitig am Anfang der R 0(2)0(1)-mal 3 M abk = 95(91)111(113) M.
Beidseitig am Anfang der R 11(10)13(14)-mal 2 M abk = 51(51)59(57) M.
Beidseitig am Anfang der R 7(6)10(8)-mal 1 M abk = 37(39)39(41) M.

1 R ohne Abketten str.
Die Fäden abschneiden.
Die M stilllegen.

LINKER ÄRMEL

44(44)48(48) M mit Strumpfnd Nr. 3½ und A anschl.
Den Rand wie am Körper str.

Zu Strumpfnd Nr. 4 wechseln.
5(4)3(3) Rd re str.
Zunahmen str: 1 re – 1 neue re, dafür den Faden zw den M aufnehmen und re verschr str – 42(42)46(46) re – 1 neue re – 1 re = 46(46)50(50) M.

Die Zun nach der ersten und vor der letzten M in jeder 6.(5.)4.(4.) Rd wdh, bis es 80(86)94(98) M sind.

Weiter str, bis der Ärmel ca. 42 cm misst.

Den Ärmel nun teilen und dafür 1 M abk – die Rd re zu Ende str. Wenden.
Am Anfang jeder R 1 M abk, bis noch 36(36)38(38) M übrig sind.

Später wird die linke Seite des linken Ärmels an das Vorderteil genäht.
Für die Schulterschräge mit einer HinR beg.

SCHULTERSCHRÄGE:
Glatt rechts weiter str.
Reihe 1: 1 M abk – 30(30)31(31) M str (die 1. M ist bereits auf der Nd).
5(5)6(6) M sind nicht gestrickt. Wenden.
Reihe 2: Verschr U – 30(30)31(31) M str.
Reihe 3: 1 M abk – 24 M str (die 1. M ist bereits auf der Nd). Wenden.
Reihe 4: Verschr U – 24 M str.
Reihe 5: 1 M abk – 18 M str (die 1. M ist bereits auf der Nd). Wenden.
Reihe 6: Verschr U – 18 M str.
Reihe 7: 1 M abk – 12 M str (die 1. M ist bereits auf der Nd). Wenden.
Reihe 8: Verschr U – 12 M str.
Reihe 9: 1 M abk – 6 M str (die 1. M ist bereits auf der Nd). Wenden.
Reihe 10: Verschr U – 6 M str.
Reihe 11: 6 re – den U mit der nächsten M re zus str – bis zum nächsten U weiter str und auch diesen mit der nächsten M re zus str – auf die Weise bis zum Reihenende str.
Den Faden abschneiden.
Die M stilllegen.

RECHTER ÄRMEL

Wie den linken Ärmel str, bis noch 36(36)38(38) M übrig sind.
1 R ohne Abn str.

Später wird die rechte Seite des rechten Ärmels an das Vorderteil genäht.

Die Schulterschräge str.
Die Schulterschräge mit einer RückR beg.
In Reihe 11 werden die U mit der nächsten M li verschr zus gestrickt.
Den Faden abschneiden.

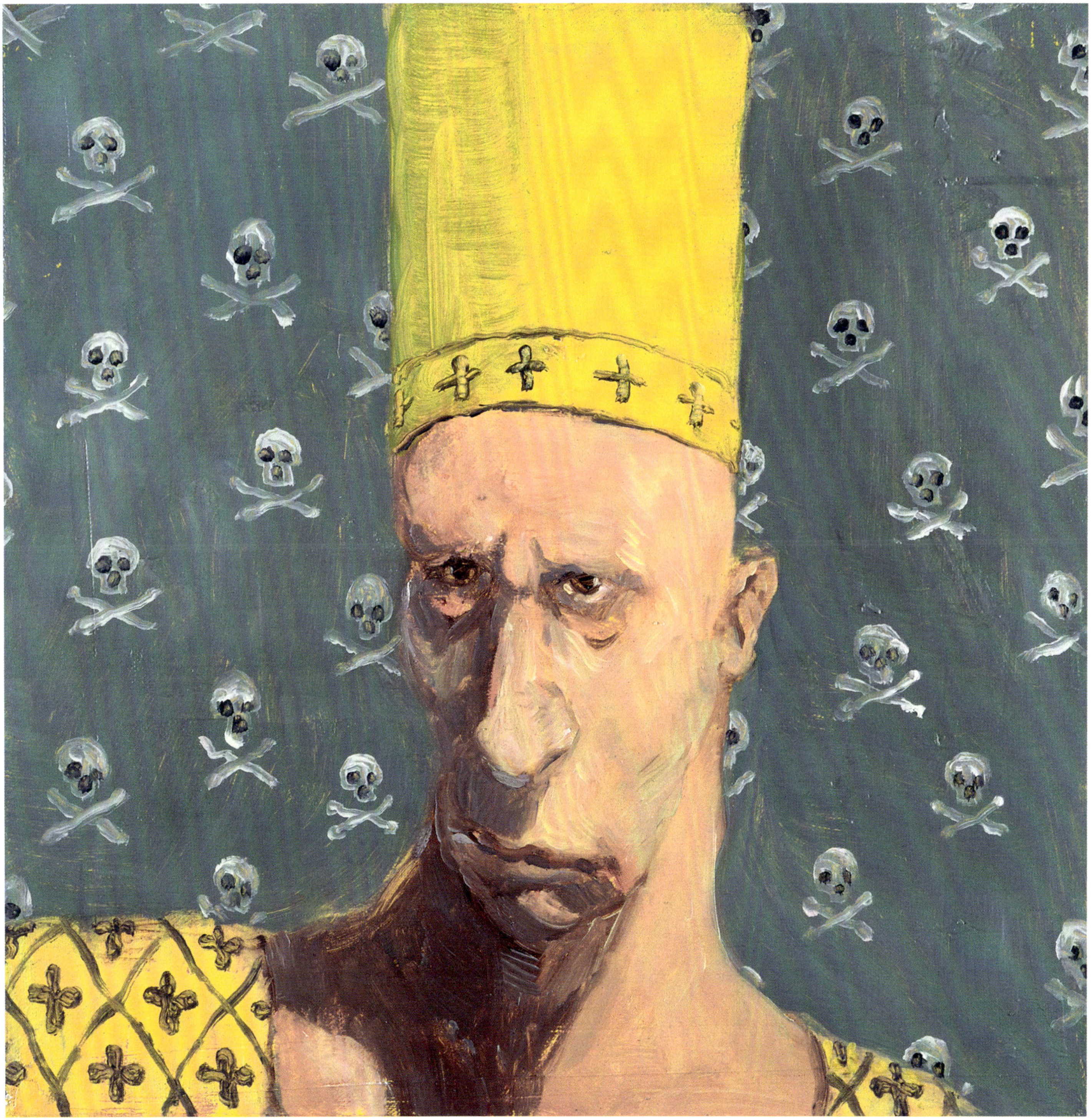

HALSRAND

Wieder alle Teile auf die Nd heben.
Zu Nd Nr. 3 wechseln und mit C str.

Alle Teile folgendermaßen in einer HinR zusammenfügen: Über den Rücken str: 35(37)37(39) re – 2 re zus – über den linken Ärmel str: 2 re zus – 27(27)29(29) re – 2 re zus – über das Vorderteil str: 2 re zus – 45(47)47(49) re – 2 re zus – über den rechten Ärmel str: 2 re zus – 29(29)31(31) re = 142(146)150(154) M.

Wenden. 5 R hin und her re str.
In einer HinR locker abk.

FERTIGSTELLUNG

Vor dem Einnähen die Ärmel mit Nadeln in den Armausschnitt heften. Von außen einnähen. Den kleinen Schlitz am Halsrand zunähen. Die Fäden vernähen.

DIAGRAMM

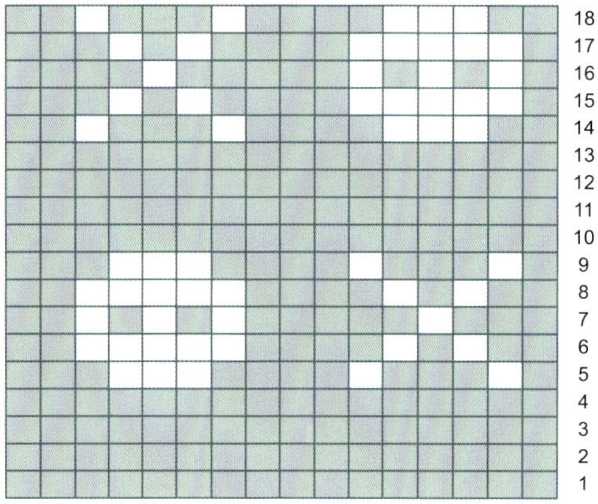

▢ = A: Isager Merilin Farbe 16

▢ = B: Isager Tvinni Farbe 10s

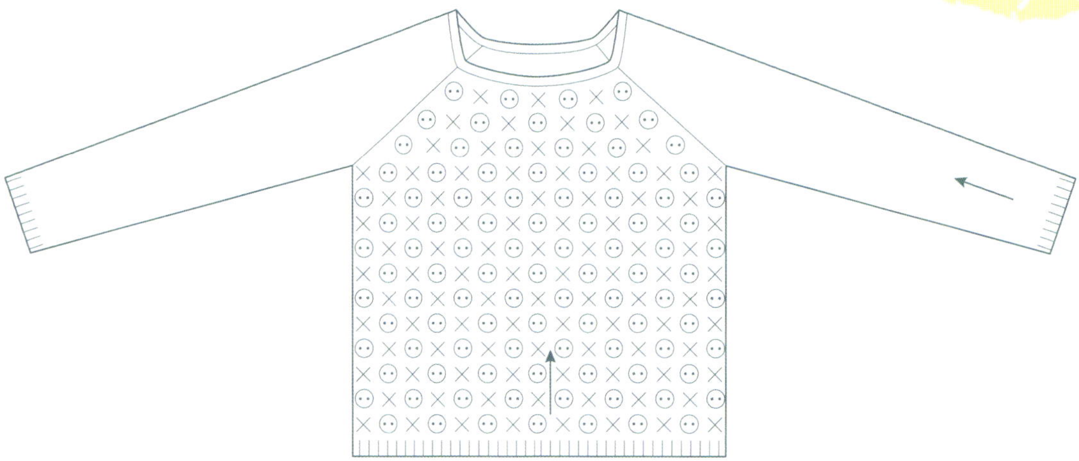

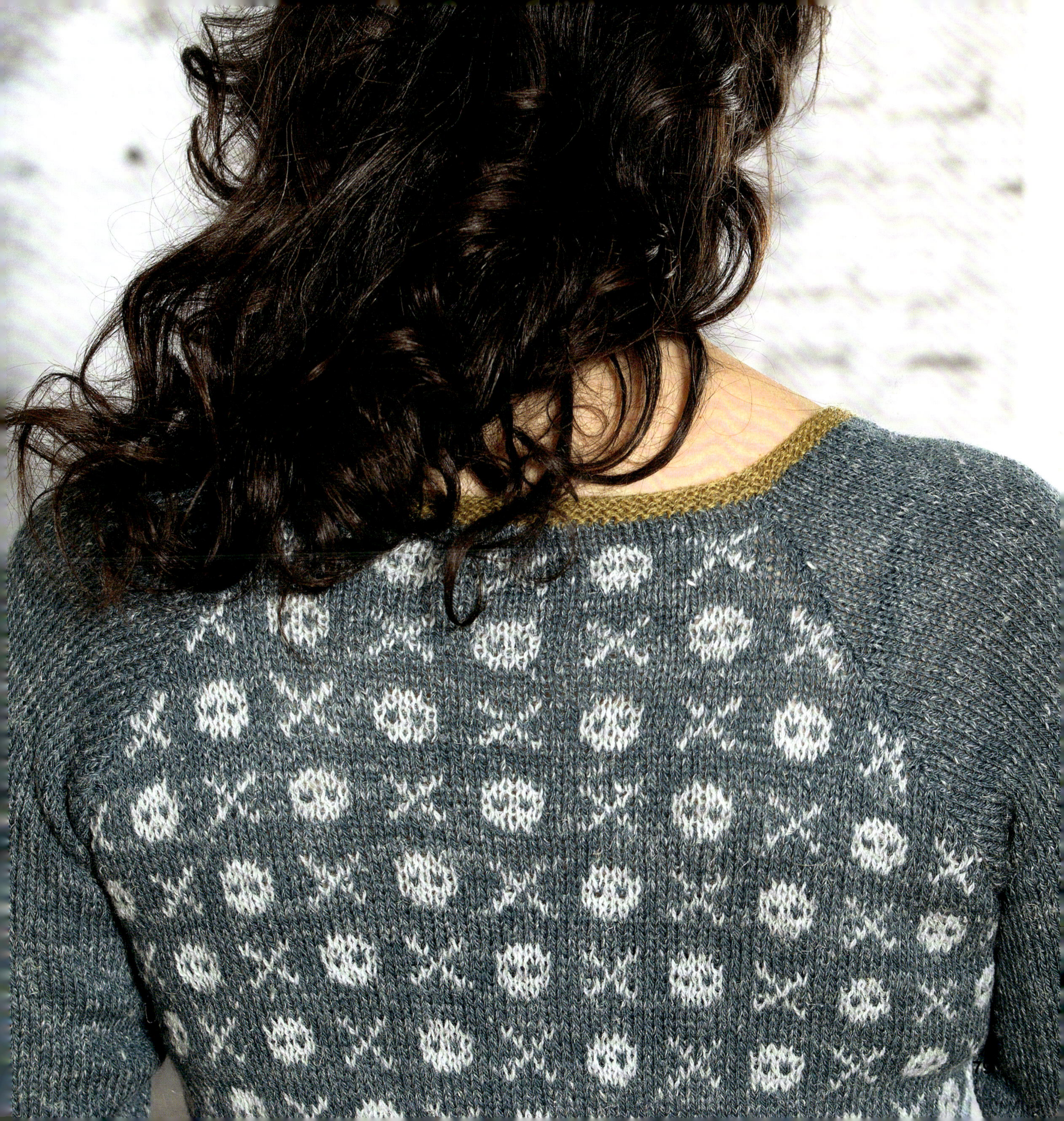

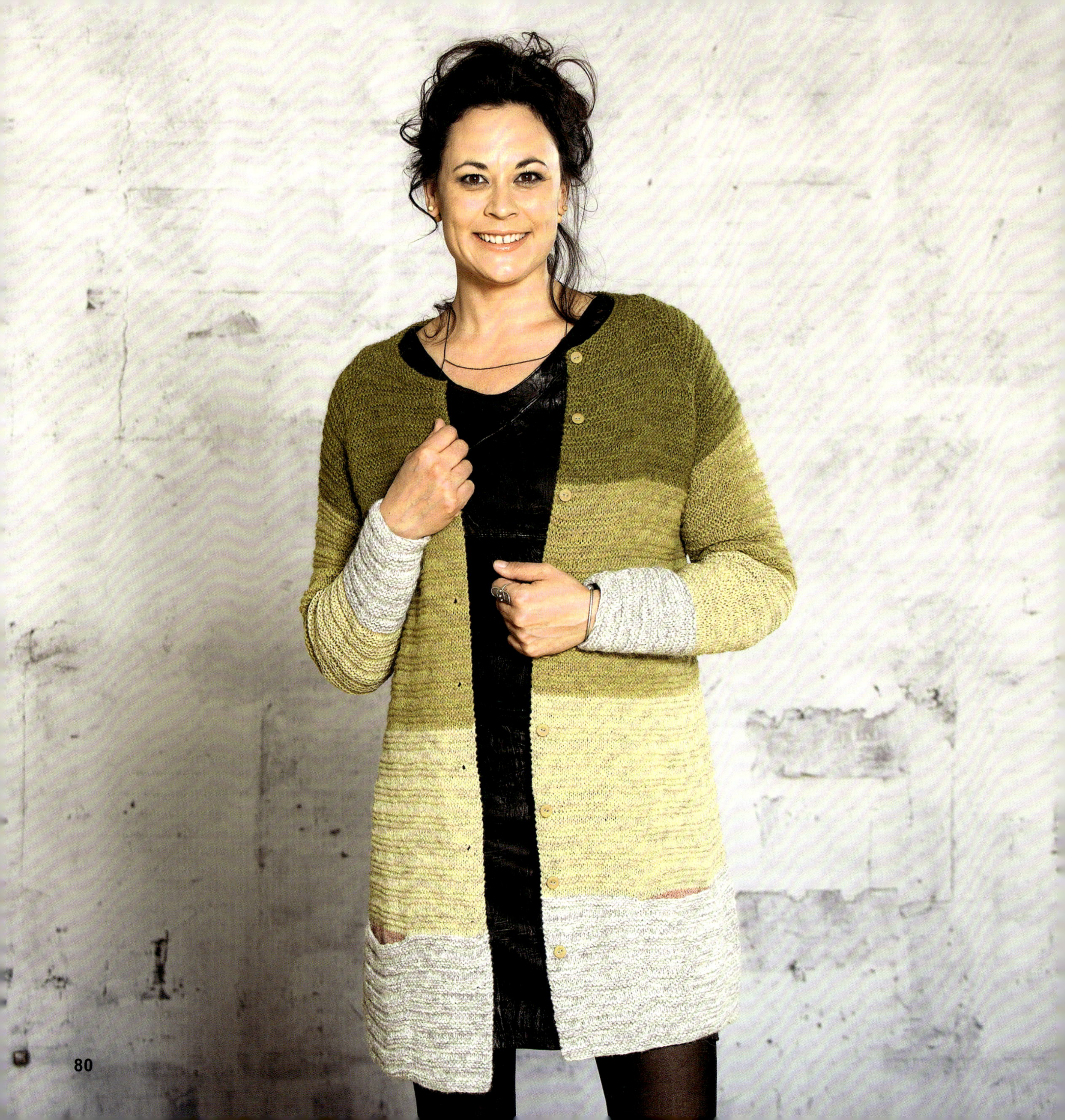

SCHATTENSPIEL

Gr.: S(M)L(XL)

Halbe Oberweite: 47(51)55(59) cm
Länge: 70(72)74(76) cm
Innere Ärmellänge: 43 cm

Material
A: 100g Isager Tvinni Farbe 0
B: 100g Isager Alpaca 2 Farbe 3s
C: 150(150)150(200)g Isager Tvinni Farbe 29s
D: 150(150)200(200)g Isager Tvinni Farbe 40s
E: 100(100)100(150)g Isager Tvinni Farbe 15s
F: 25g Isager Highland Farbe Rose

9 Knöpfe

Rundnadel Nr. 4

Maschenprobe glatt rechts gestrickt: 10 cm = 20 M und 26 R
Maschenprobe im Muster: 10 cm = 20 M und 34 R

TASCHENFUTTER

26(26)30(30) M mit 2 Fäden F und Nd Nr. 4 anschl.
In Reihen hin und her str.
Reihe 1 (RückR): 1 re – 24(24)28(28) li – 1 re.
Reihe 2: 26(26)30(30) re.

Die Reihen 1-2 wdh, bis das Taschenfutter 15 cm misst.
Mit einer RückR enden.
Eine HinR str: 2 re zus – 22(22)26(26) re – 2 re zus.

Das Taschenfutter ist 13(13)15(15) cm breit.
Die Fäden abschneiden.
Noch ein gleiches Taschenfutter str und beide zur Seite legen.

KÖRPER

232(248)264(280) M mit A + B und Nd Nr. 4 anschl.
6 R re hin und her str = 1 Streifen, kraus rechts.
1 RückR li str und dabei die erste und letzte M re str.

Muster:
7 R re str.
1 RückR li str und dabei die erste und letzte M re str.

1. Abn (HinR): 46(50)54(58) re – Markierung setzen – 2 re verschr zus – 24 re – 2 re zus – Markierung – 84(92)100(108) re – Markierung – 2 re verschr zus – 24 re – 2 re zus – Markierung – 46(50)54(58) re = 228(244)260(276) M.

15 R Muster str.

2. Abn: Bis zur Markierung str – 2 re verschr zus – 22 re – 2 re zus – Markierung – bis zur Markierung str – 2 re verschr zus – 22 re – 2 re zus – Markierung – die R zu Ende str = 224(240)256(272) M.

2(6)10(10) R Muster str.

Das 1. Knopfloch str (RückR):
Bis zu den letzten 6 M der R str – 2 re zus – 2 neue anschl – 2 re zus – 2 re.
Das Knopfloch in jeder 24. R wdh.

12(4)4(4) R Muster str.

3. Abn (HinR): Bis zur Markierung str – 2 re verschr zus – 20 re – 2 re zus – Markierung – bis zur Markierung str – 2 re verschr zus – 20 re – 2 re zus – Markierung – die R zu Ende str = 220(236)252(268) M.

12 R Muster str.

1 RückR re str und für die Taschen abk: 20(24)24(28) re – 24(24)28(28) M abk – 132(140)148(156) re (die 1. M ist bereits auf der Nd) – 24(24)28(28) M abk – 20(24)24(28) re (die 1. M ist bereits auf der Nd).
A + B abschneiden.
Es sind nun 8 krause Streifen gestrickt.

Zu 2 Fäden C wechseln.
Die Taschenfutter einstricken, sodass die rechten M an die Außenseite der Jacke treffen: 20(24)24(28) re – 24(24)28(28) re über das 1. Taschenfutter str – 132(140)148(156) re – 24(24)28(28) re über das 2. Taschenfutter str – 20(24)24(28) re = 220(236)252(268) M.

Im Muster wie bisher weiter str.
Die Abn in jeder 16. R wdh, die Anzahl der M zw den Markierungen verringert sich dabei um 2.

Weiter str, bis 8 krause Streifen mit C gestrickt sind = 204(220)236(252) M. C abschneiden.

Zu 2 Fäden D wechseln.
Im Muster weiter str, bis insg 11 Abnahmereihen gestrickt sind = 188(204)220(236) M.

Im 8. Streifen mit D nach den 2 ersten krausen Rippen mit einer rechten R enden.
Die Arbeit misst ca. 56 cm.

In einer RückR für die Armausschnitte abk: 44(48)52(56) re – 10 M abk – 80(88)96(104) re (die 1. M ist bereits auf der Nd) – 10 M abk – 44(48)52(56) re (die 1. M ist bereits auf der Nd). D abschneiden.
Den Körper zur Seite legen.

ÄRMEL

36(40)40(44) M mit A+B und Nd Nr. 4 anschl.
In Reihen hin und her str.

5 R re str.
Erste R = RückR.
Zun str: 1 re – 1 neue M, dafür den Faden zw den M aufnehmen und verschr str – re str, bis noch 1 M übrig ist – 1 neue re – 1 re = 38(42)42(46) M.

1 R li str, dabei die erste und letzte M re str.

Das Muster wie am Körper str.
Die Zun in jeder 8.(8.)6.(6.) R wdh.
Wenn 6 Streifen mit A + B gestrickt sind, zu 2 Fäden C wechseln.

Im Muster und mit den Zun weiter str, bis 6 Streifen mit C gestrickt sind.
Zu 2 Fäden D wechseln.

Im Muster weiter str.
Die Zun str, bis es 66(74)82(90) M sind.
Im 7. Streifen mit D nach den 2 ersten krausen Rippen mit einer rechten R enden.
Der Ärmel misst ca. 43 cm.

In der RückR für den Armausschnitt abk: 5 M abk – 56(64)72(80) re (die 1 M ist bereits auf der Nd) – die letzten 5 M abk. D abschneiden.

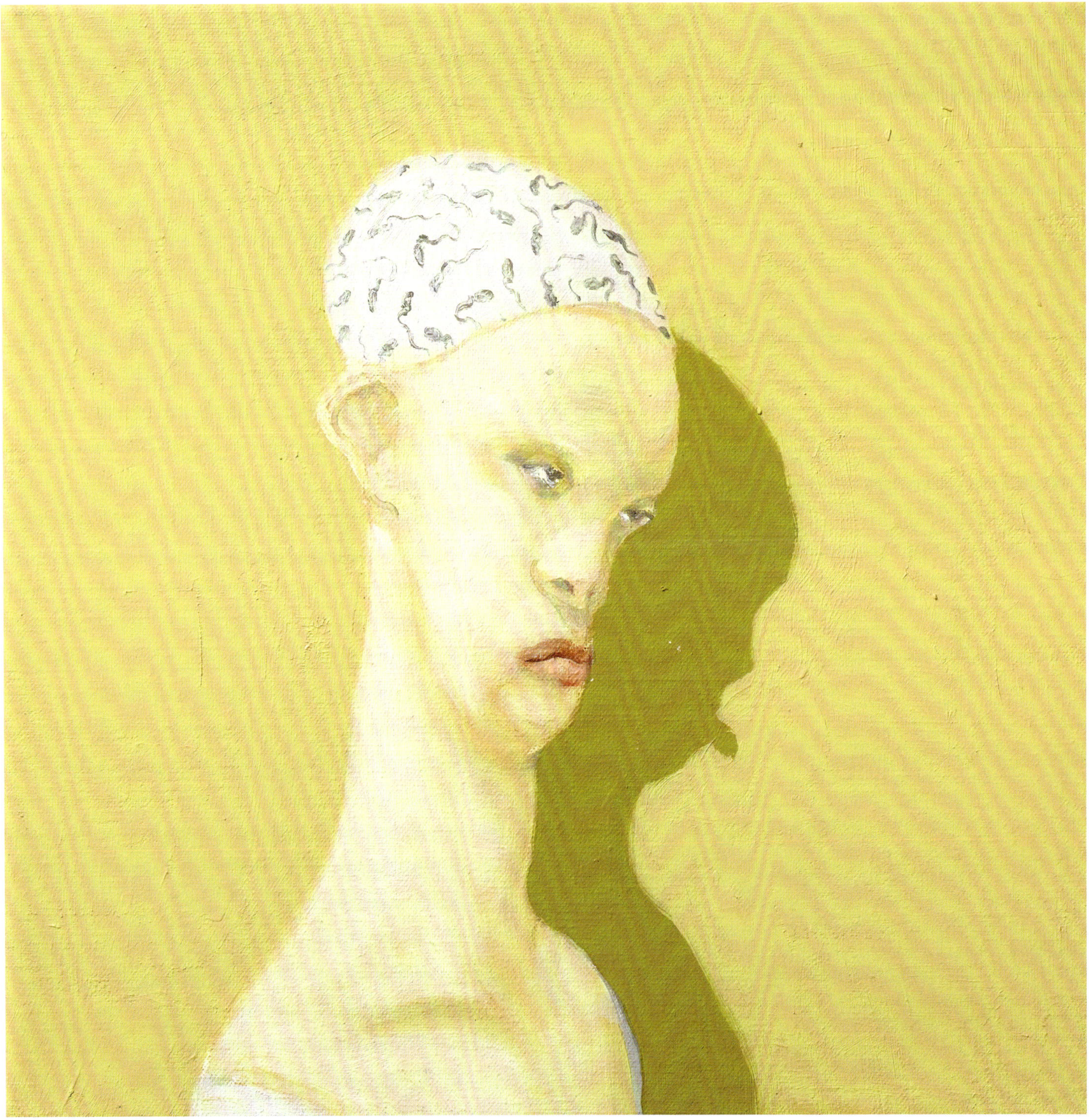

Den Ärmel zur Seite legen. Den zweiten Ärmel genauso str.

RAGLAN

Mit 2 Fäden E die Ärmel in die Armausschnitte des Körpers str:
Reihe 1 (HinR): 44(48)52(56) re (rechtes Vorderteil) – 56(64)72(80) re (Ärmel) – 80(88)96(104) re (Rücken) – 56(64)72(80) re (Ärmel) – 44(48)52(56) re (linkes Vorderteil) = 280(312)344(376) M.
Reihe 2: 1 re – 278(310)342(374) li – 1 re.

Reihe 3: 42(46)50(54) re – 2 re verschr zus – Markierung setzen – 2 re zus - 52(60)68(76) re – 2 re verschr zus – Markierung – 2 re zus – 76(84)92(100) re – 2 re verschr zus – Markierung – 2 re zus – 52(60)68(76) re – 2 re verschr zus – Markierung – 2 re zus – 42(46)50(54) re = 272(304)336(368) M.
Reihe 4: 272(304)336(368) re.

Im Muster wie am Körper weiter str.
Die Abn in jeder 2. R an beiden Seiten der markierten M wdh, bis insg 16(20)20(20) Abnahmereihen gestrickt sind = 152(152)184(216) M.
Mit einer RückR enden.

Für die Halsrundung mit verkürzten Reihen str:
Reihe 1 (HinR): 26(26)30(34) re – 2 re verschr zus – 2 re zus – 20(20)28(36) re – 2 re verschr zus – 2 re zus – 44(44)52(60) re – 2 re verschr zus – 2 re zus – 20(20)28(36) re – 2 re verschr zus – 2 re zus – 22(22)26(30) re = es bleiben 4 M übrig, die nicht gestrickt werden. Wenden.
Reihe 2: Verschr U – 136(136)168(200) re = es bleiben 4 M übrig. Wenden.
Reihe 3: Verschr U – 21(21)25(29) re – 2 re verschr zus – 2 re zus – 18(18)26(34) re – 2 re verschr zus – 2 re zus – 42(42)50(58) re – 2 re verschr zus – 2 re zus – 18(18)26(34) re – 2 re verschr zus – 2 re zus – 18(18)21(26) re = 3(3)4(3) M + U + 4 M, die nicht gestrickt werden. Wenden.
Reihe 4: Verschr U – 122(122)152(186) re = 3(3)4(3) M + U + 4 M. Wenden.

Die verkürzten Reihen auf diese Weise, und wie unten beschrieben, im Muster und mit Abn in jeder HinR fortsetzen. Bei jeder Wende einen verschr U über die Nd legen.

6 R str, in denen 2(2)3(2) M vor der letzten Wende + U gewendet wird.

2 R str, in denen 2 M vor der letzten Wende + U gewendet wird.

4(4)4(4) R str, in denen 1 M vor der letzten Wende + U gewendet wird.

Gr. S(M):
Reihe 1 (HinR): Nach der letzten Wende 1 verschr U – ohne Abn bis zum U str.
Den U mit der nächsten M re zus str. Alle weiteren U mit der folgenden M re zus str.
Die R zu Ende str.
Reihe 2: Re bis zum U str. Den U mit der nächsten M re verschr zus str. Alle weiteren U mit der folgenden M re verschr zus str. Die R zu Ende str = 88 M.
Reihe 3: 88 re str.

Gr. L(XL):
Reihe 1 (HinR): Nach der letzten Wende 1 verschr U – mit Abn bis zum U str.
Den U mit der nächsten M re zus str.
Alle weiteren U mit der folgenden M re zus str.
Die R zu Ende str.
Reihe 2: Re bis zum U str. Den U mit der nächsten M re verschr zus str. Alle weiteren U mit der folgenden M re verschr zus str. Die R zu Ende str = 112(144) M.
Reihe 3: Re mit Abn wie bisher str = 104(136) M.

Alle Gr:
1 R re mit Knopfloch wie bisher str.
3 R re str.
In der RückR locker mit rechten M abk.

FERTIGSTELLUNG

Die Ärmel zusammennähen. Die abgeketteten M am Ärmel mit den abgeketteten M am Körper zusammennähen.
Das Taschenfutter an die Innenseite nähen.
Den Taschenboden ½ cm über dem unteren Jackenrand festnähen.
Die Fäden vernähen und die Knöpfe annähen.

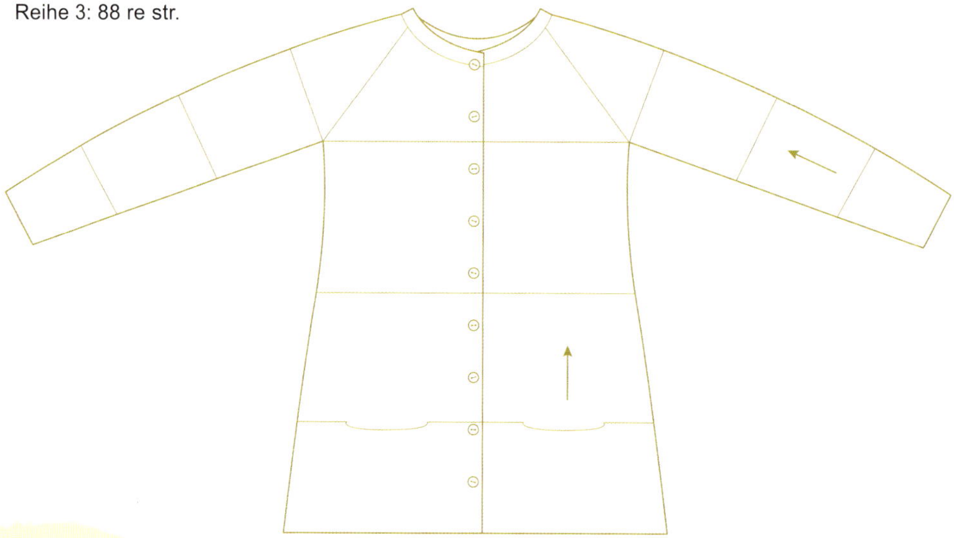

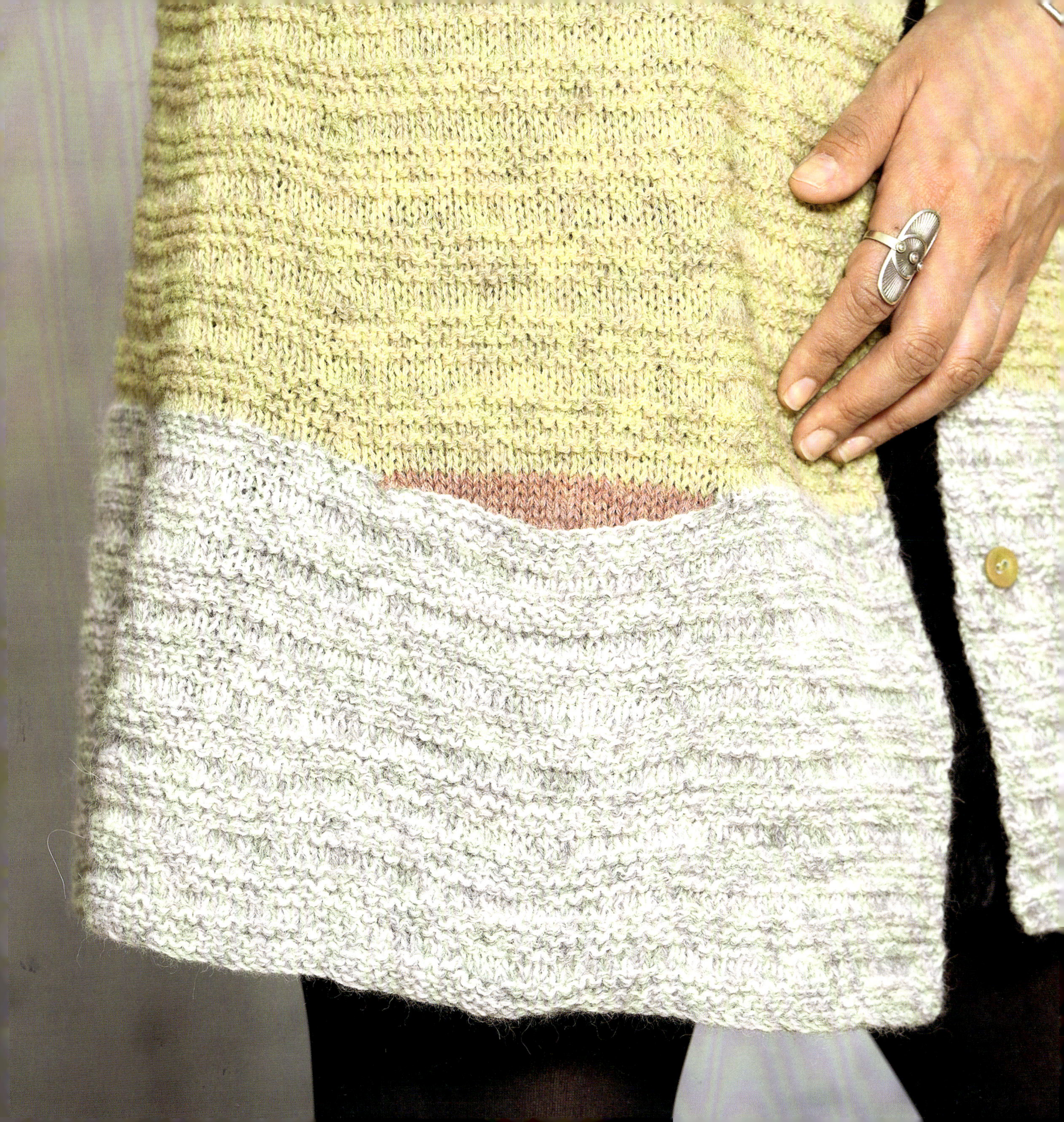

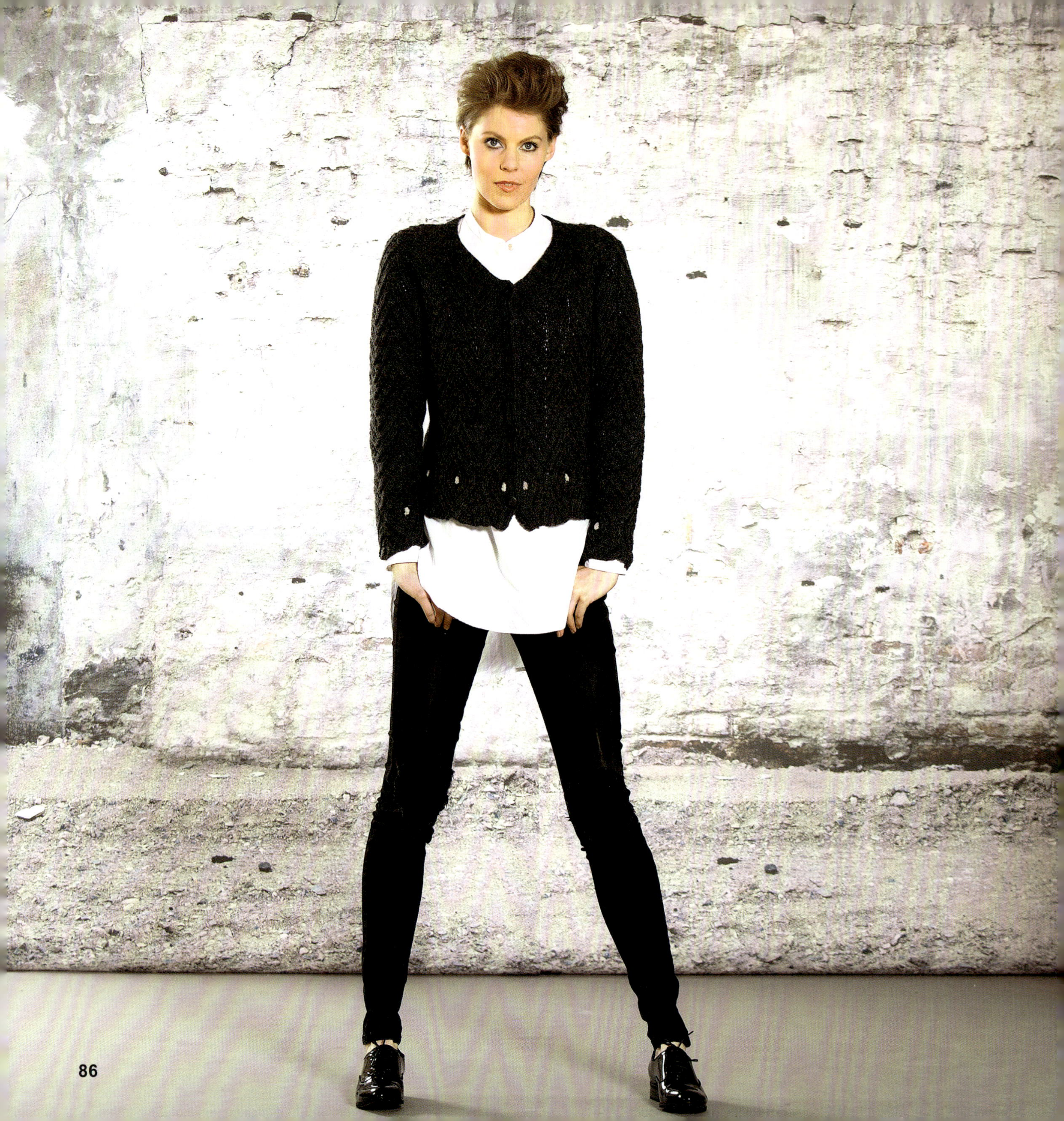

GEDANKENBLASEN

Gr.: S(M)L(XL)

Halbe Oberweite: 48(53)56(61) cm
Länge: 53(54)56(56) cm
Innere Ärmellänge: 42 cm

Material
A: 200(250)250(300)g Isager Highland Farbe Charcoal
B: 200(200)200(250)g Isager Spinni Farbe 47
C: 10g IsagerTvinni 6s für die Noppen
A + B werden zusammen verstrickt

7 Knöpfe

Rundnadeln Nr. 4 und 5

Maschenprobe glatt rechts und mit Nd Nr. 5 gestrickt: 10 cm = 19 M und 24 R
Maschenprobe im Muster mit Nd Nr. 5: 10 cm = 22 M und 26 R

RÜCKEN

108(116)128(136) M mit Nd Nr. 5 und den Farben A + B anschl.
In Reihen hin und her str.

Gr. S und L:
Startreihe (RückR): 1 re – 1 li – 2 re – 1 li – *2 re – 2 li*. Von * bis * wdh. Enden mit 2 re – 1 li – 2 re – 1 li – 1 re.
Reihe 1: 2 re – 2 li – Diagramm str – 2 li – 2 re.

Gr. (M) und (XL):
Startreihe (RückR): 1 re – 1 li – 2 re – 2 li – 2 re – 1 li – *2 re – 2 li*. Von * bis * wdh. Enden mit 2 re – 1 li – 2 re – 2 li – 2 re – 1 li – 1 re.
Reihe 1: 2 re – 2 li – 2 re – 2 li – Diagramm str – 2 li – 2 re – 2 li – 2 re.

Alle Gr.:
Reihe 2: Re über rechte M und li über linke M str. Die äußersten M in allen R re str.

Die Reihen 1-2 wdh, bis die 18. Diagrammreihe gestrickt ist.
Laut Diagramm weiter str wie bisher, aber bei den markierten Kästchen Noppen mit C str.

NOPPEN
Reihe 1 (HinR): Wie bisher die 19. Diagrammreihe str. Die markierten Kästchen str: 2 neue re mit C.
Reihe 2: Re über rechte M und li über linke M str. Die markierten Kästchen str: 2 M in die 1. M mit C str und 2 M in die letzte M mit C str. Dafür erst 1 M aus dem vorderen und danach 1 M aus dem hinteren Maschenbogen str.

Reihe 3: Wie bisher die 21. Diagrammreihe str. Die markierten Kästchen str: 4 li mit C.
Reihe 4: Re über rechte M und li über linke M str. Die markierten Kästchen str: Die M in Farbe C 2 re zus – 2 re zus str.
C abschneiden.
Reihe 5: Wie bisher die 23. Diagrammreihe str.
Reihe 6: Re über rechte M und li über linke M str.

Die Diagrammreihen 25 - 32 insg 8-mal str.
Nach einer RückR enden.
Der Körper misst ca. 34 cm.
An beiden Seiten eine Markierung setzen.

Für den Armausschnitt abk.
Auch die abgeketteten M laut Diagramm str. Das bedeutet, dass vielleicht 1 neue M sofort wieder abgekettet wird oder 2 M vor dem Abketten zusammen gestrickt werden müssen.

Beidseitig am Anfang der Reihe 0(0)1(3)-mal 4 M abk = 108(116)120(112) M.
Beidseitig am Anfang der Reihe 3(5)6(4)-mal 2 M abk = 96 M.
Am Anfang und Ende der RückR 2 M zus str, bis noch 82 M übrig sind.

Der Armausschnitt ist 20(24)28(28) R hoch und misst ca. 8(9)11(11) cm.

Im Muster weiter str.
Die äußersten M in allen R re str.
24 R str.
Mit einer RückR enden.

4 R im Muster über die ersten 22 M str.
Die Fäden abschneiden.
Die mittleren 38 Nackenmaschen stilllegen.
Ebenfalls 4 R im Muster über die letzten 22 M str. An der Nackenseite beg.
Die Fäden abschneiden.

LINKES VORDERTEIL

62(66)72(76) M mit Nd Nr. 5 und den Farben A + B anschl.
In Reihen hin und her str.

Gr. S:
Startreihe (RückR): 1 re – 1 li – 2 re – 2 li – 1 re – *2 re – 2 li*. Von * bis * wdh. Enden mit 2 re – 1 li – 2 re – 1 li – 1 re.
Reihe 1: 2 re – 2 li – das Diagramm 2½-mal str – 2 li – 2 re – 2 li – 2 re.

Gr. M:
Startreihe (RückR): 1 re – 1 li – 2 re – 2 li – 1 re – *2 re – 2 li*. Von * bis * wdh. Enden mit 2 re – 1 li – 2 re – 2 li – 2 re – 1 li – 1 re.
Reihe 1: 2 re – 2 li – 2 re – 2 li – das Diagramm 2½-mal str – 2 li – 2 re – 2 li – 2 re.

Gr. L:
Startreihe (RückR): 1 re – 1 li – 2 re – 2 li – 2 re – 1 li – *2 re – 2 li*. Von * bis * wdh. Enden mit 2 re – 1 li – 2 re – 1 li – 1 re.
Reihe 1: 2 re – 2 li – Diagramm str – 2 li – 2 re – 2 li – 2 re.

Gr. (XL):
Startreihe (RückR): 1 re – 1 li – 2 re – 2 li – 2 re – 1 li – *2 re – 2 li*. Von * bis * wdh. Enden mit 2 re – 1 li – 2 re – 2 li – 2 re – 1 li – 1 re.
Reihe 1: 2 re – 2 li – 2 re – 2 li – Diagramm str – 2 li – 2 re – 2 li – 2 re.

Alle Gr.:
Reihe 2: Re über rechte M und li über linke M str.
Die äußersten M in allen R re str.

Die Noppen genauso wie am RÜCKEN str.

Gr. S(M): Eine Noppe ganz außen direkt vor den Rippen am linken Vorderrand str – selbst wenn dafür kein Platz zu sein scheint.
In Reihe 23 über der letzten Noppe, vor den 8 Rippenmaschen, 3 re verschr zus str.

Wie am Rücken bis zum Armausschnitt weiter str.

Für den Armausschnitt am Anfang der HinR M abk.
0(0)1(3)-mal 4 M abk = 62(66)68(64) M.
3(5)6(4)-mal 2 M abk = 56 M.
Am Ende der RückR 2 M zus str, bis noch 49 M übrig sind.

Im Muster weiter str.
Die äußersten M in allen R re str.
In der HinR 41 M str. Es bleiben 8 Rippenmaschen übrig. Diese werden nicht gestrickt, sondern stillgelegt.
Wenden. Am Anfang der RückR insg 9-mal 2 M abk. Eine letzte M abk = 22 M.

Gerade hoch str, bis das Vorderteil genauso lang wie der Rücken ist.

Die Schultern zus str. Dafür den Rücken und das Vorderteil mit den Außenseiten aneinanderlegen. Mit einer dritten Nd die gegenüberliegenden M beider Nd zus str und gleichzeitig dabei abk.

RECHTES VORDERTEIL

62(66)72(76) M mit Nd Nr. 5 und den Farben A + B anschl.
In Reihen hin und her str.

Gr. S:
Startreihe (RückR): 1 re – 1 li – 2 re – 1 li – *2 re – 2 li*. Von * bis * wdh. Enden mit 1 re – 2 re – 2 li – 2 re – 1 li – 1 re.
Reihe 1: 2 re – 2 li – 2 re – 2 li – das Diagramm 2½-mal str (bei dem Pfeil in der Mitte des Diagramms beg) – 2 li – 2 re.

Gr. (M):
Startreihe (RückR): 1 re – 1 li – 2 re – 2 li – 2 re – 1 li – *2 re – 2 li*. Von * bis * wdh. Enden mit 1 re – 2 re – 2 li – 2 re – 1 li – 1 re.
Reihe 1: 2 re – 2 li – 2 re – 2 li – das Diagramm 2½-mal str (bei dem Pfeil in der Mitte des Diagramms beg) – 2 li – 2 re – 2 li – 2 re.

Gr. L:
Startreihe (RückR): 1 re – 1 li – 2 re – 1 li – *2 re – 2 li*. Von * bis * wdh. Enden mit 2 re – 1 li – 2 re – 2 li – 2 re – 1 li – 1 re.
Reihe 1: 2 re – 2 li – 2 re – 2 li – Diagramm str – 2 li – 2 re.

Gr. (XL):
Startreihe (RückR): 1 re – 1 li – 2 re – 2 li – 2 re – 1 li – *2 re – 2 li*. Von * bis * wdh. Enden mit 2 re – 1 li – 2 re – 2 li – 2 re – 1 li – 1 re.
Reihe 1: 2 re – 2 li – 2 re – 2 li – Diagramm str – 2 li – 2 re – 2 li – 2 re.

Alle Gr.:
Reihe 2: Re über rechte M und li über linke M str.
Die äußersten M in allen R re str.

Wie das linke Vorderteil str.
Gleichzeitig mit der 15. Diagrammreihe das erste Knopfloch (HinR) str: 2 re – 1 li – 2 li zus – 2 neue M anschl – 2 li zus – 1 li – Diagramm str.
Wie bisher weiter str.

Das Knopfloch in jeder 16. R wdh.

Wie das linke Vorderteil weiter str.
Gr. S(M): Die Noppe direkt nach den 8 Rippenmaschen str.
In Reihe 23 über der ersten Noppe nach diesen ersten 8 Rippenmaschen 3 re zus str.

Für den Armausschnitt am Anfang der RückR M abk.
0(0)1(3)-mal 4 M abk = 62(66)68(64) M.
3(5)6(4)-mal 2 M abk = 56 M.

Am Anfang der RückR 2 M zus str, bis noch 49 M übrig sind.

Eine RückR str und die letzten 8 Rippenmaschen stilllegen.
Wenden und für die Halsrundung wie am linken Vorderteil abk. Wie das linke Vorderteil fertig str.
Auch diese Schulter mit dem RÜCKEN zus str.

HALSRAND

Die Nackenmaschen wieder auf die Nd heben.
Ebenfalls die 8 M von jedem Vorderteil wieder auf die Nd heben.
Mit Nd Nr. 4 und A + B str.

Es ist wichtig, dass die Rippen am Nacken im Halsrand fortlaufen.
Es werden unterschiedlich viele M aus dem Halsrand heraus gestrickt, da in diesem Muster unterschiedlich abgekettet wurde.

Über die 8 M am rechten Vorderteil Rippen str.
Bis zum Nacken neue M aus der Halsrundung heraus str.
Die ersten 16 M so heraus str, dass das Rippenmuster fortlaufend ist:
2 M aus der Rechtsrippe – 2 M aus der Linksrippe.

Beginnen und enden die Nackenmaschen in der HinR mit 2 linken M, werden 34(38)42(42) M gestrickt.
Beginnen und enden die Nackenmaschen in der HinR mit 2 rechten M, werden 32(36)40(40) M gestrickt.

Über die 38 Nackenmaschen re über rechts und li über links str.
Die selbe Maschenanzahl aus der gegenüberliegenden Seite heraus str.
Die letzten 16 M in Rippen wie an der anderen Seite heraus str.
Die 8 M am Vorderrand in Rippen str.

Reihe 1 (RückR): 1 re – 1 li – *2 re – 2 li*. Von * bis * wdh. Enden mit 2 re – 1 li – 1 re.
Reihe 2: Ein Knopfloch wie bisher str. Mit Rippen weiter str.

Noch 5 R Rippen str.
In einer HinR im Rippenmuster abk.

ÄRMEL

48(52)56(60) M mit Nd Nr. 5 und den Farben A + B anschl.
In Reihen hin und her str.

Gr. S:
Startreihe (RückR): 1 re – 1 li – 2 re – 1 li – *2 re – 2 li*. Von * bis * wdh. Enden mit 2 re – 1 li – 2 re – 1 li – 1 re.
Reihe 1: 2 re – 2 li – das Diagramm str – 2 li – 2 re.

Gr. (M):
Startreihe (RückR): 2 re – 2 li – 2 re – 1 li – *2 re – 2 li*. Von * bis * wdh. Enden mit 2 re – 1 li – 2 re – 2 li – 2 re.
Reihe 1: 1 re – 1 li – 2 re – 2 li – Diagramm str – 2 li – 2 re – 1 li – 1 re.

Gr. L:
Startreihe (RückR): 1 re – 1 li – 2 re – 2 li – 2 re – 1 li – *2 re – 2 li*. Von * bis * wdh. Enden mit 2 re – 1 li – 2 re – 2 li – 2 re – 1 li – 1 re.
Reihe 1: 2 re – 2 li – 2 re – 2 li – Diagramm str – 2 li – 2 re – 2 li – 2 re.

Gr. (XL):
Startreihe (RückR): 2 re – 2 li – 2 re – 2 li – 2 re – 1 li – *2 re – 2 li*. Von * bis * wdh. Enden mit 2 re – 1 li – 2 re – 2 li – 2 re – 2 li – 2 re.
Reihe 1: 1 re – 1 li – 2 re – 2 li – 2 re – 2 li – Diagramm str – 2 li – 2 re – 2 li – 2 re – 1 li – 1 re.

Alle Gr.:
Reihe 2: Re über rechte M und li über linke M str.
Die äußersten M in allen R re str.

Die Reihen 1-2 laut Diagramm str, bis insg 6 R gestrickt sind.
In der 7. R Zun str, dafür nach der ersten und vor der letzten M den Faden zw den M aufnehmen und verschr str.

Die Zun in jeder 6. R wdh, bis es 80(84)88(92) M sind.
Die Diagrammreihen 25-32 über den restlichen Ärmel wdh.
Bei der 1. Zun die neuen M rechts(links) rechts(links) str.
Bei der 2. und 3. Zun die neuen M links(rechts) links(rechts) str.
4. und 5. Zun wie 1. Zun str.
6. und 7. Zun wie 2. und 3. Zun str.
Weiterhin die neuen M in das Muster einfügen.

Weiter str, bis der Ärmel 42 cm misst.
Für den Armausschnitt locker abk:
Beidseitig am Anfang der R 1-mal 4 M abk = 72(76)80(84) M.

Beidseitig am Anfang der R 7-mal 2 M abk = 44(48)52(56) M.

Am Anfang und Ende jeder RückR insg 8(10)12(14)-mal 2 M zus str = 28 M.

Beidseitig am Anfang der R 3-mal 2 M abk = 16 M.

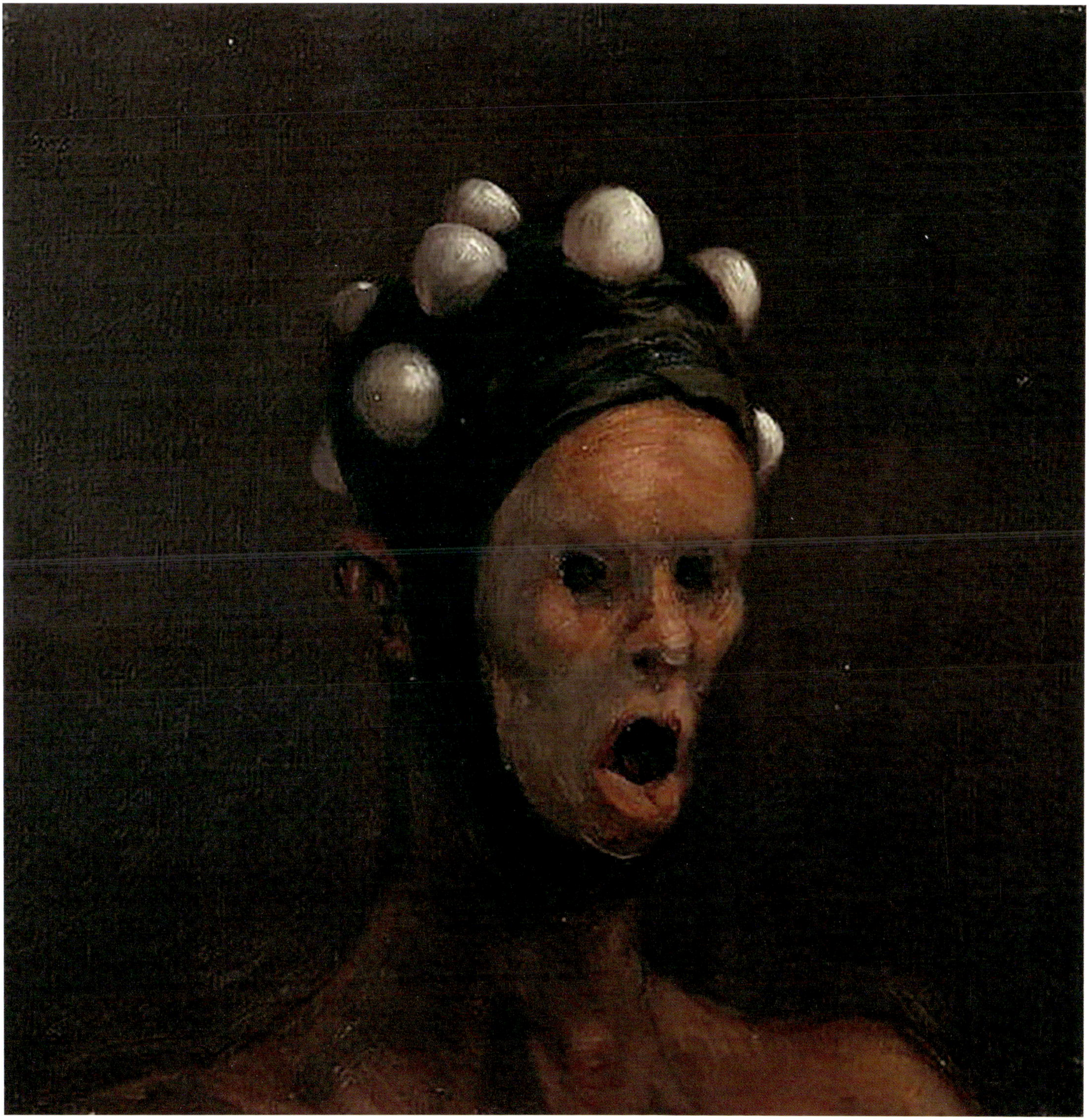

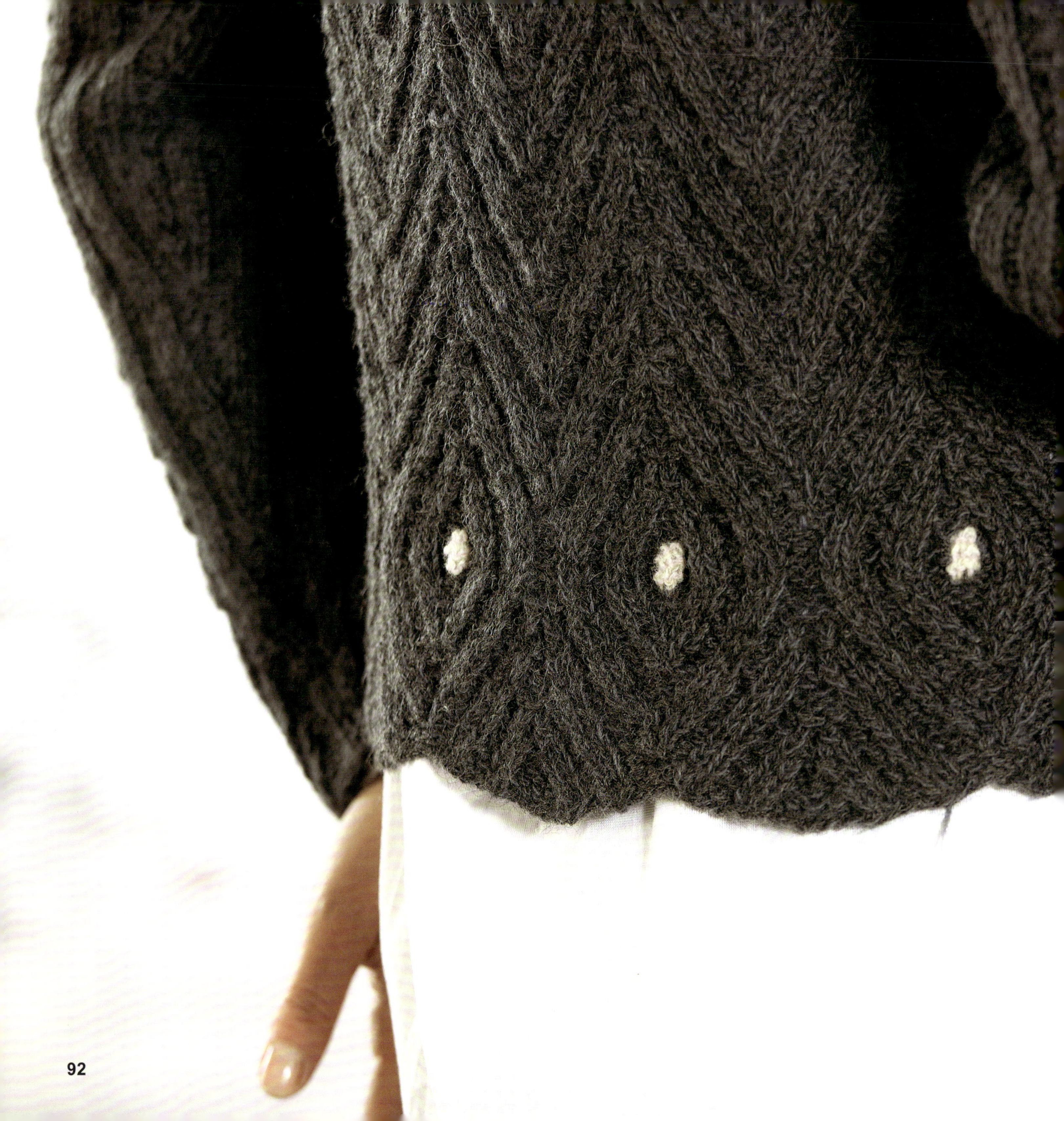

DIAGRAMM

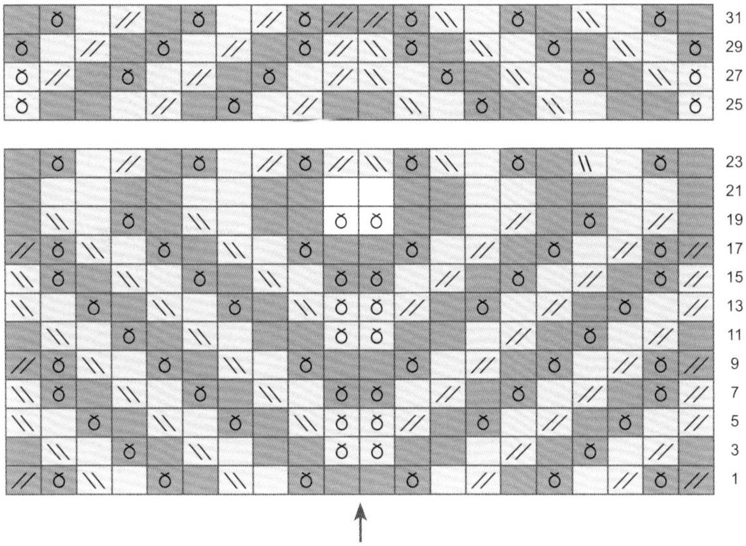

= re

= li

= 2 li zus

= 2 re zus

= 2 re verschr zus

= 1 neue re

= 1 neue re

= 1 neue li

= Noppe mit C
1 neue re / 1 neue li str, indem der Faden zw 2 M verschr auf die li Nd gehoben und anschließend re / li gestrickt wird.

Die restlichen M abk.
Die Fäden abschneiden.

Den zweiten Ärmel genauso str.

FERTIGSTELLUNG

Die Seitennähte zusammennähen.
Die Ärmelnähte zusammennähen.
Vor dem Einnähen die Ärmel mit Nadeln in den Armausschnitt heften. Von außen einnähen.
Die Fäden vernähen und die Knöpfe annähen.

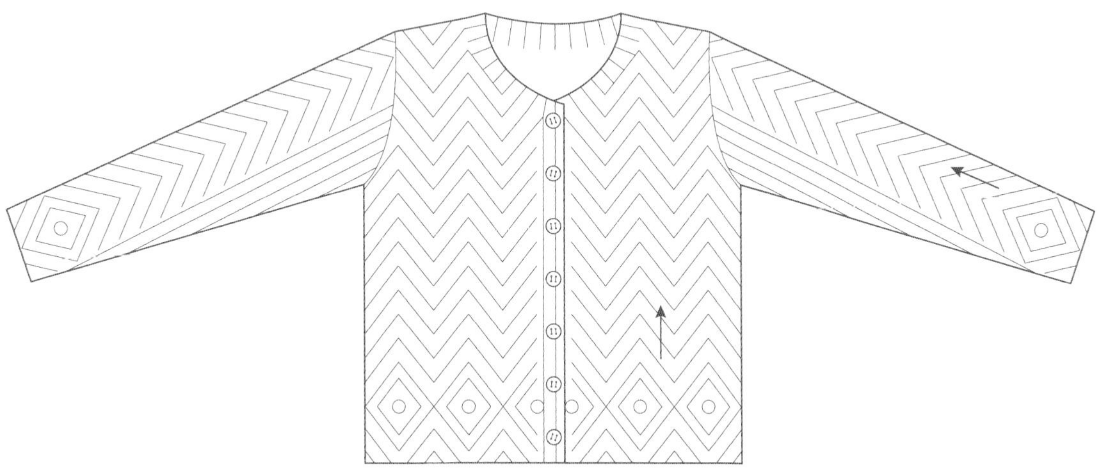

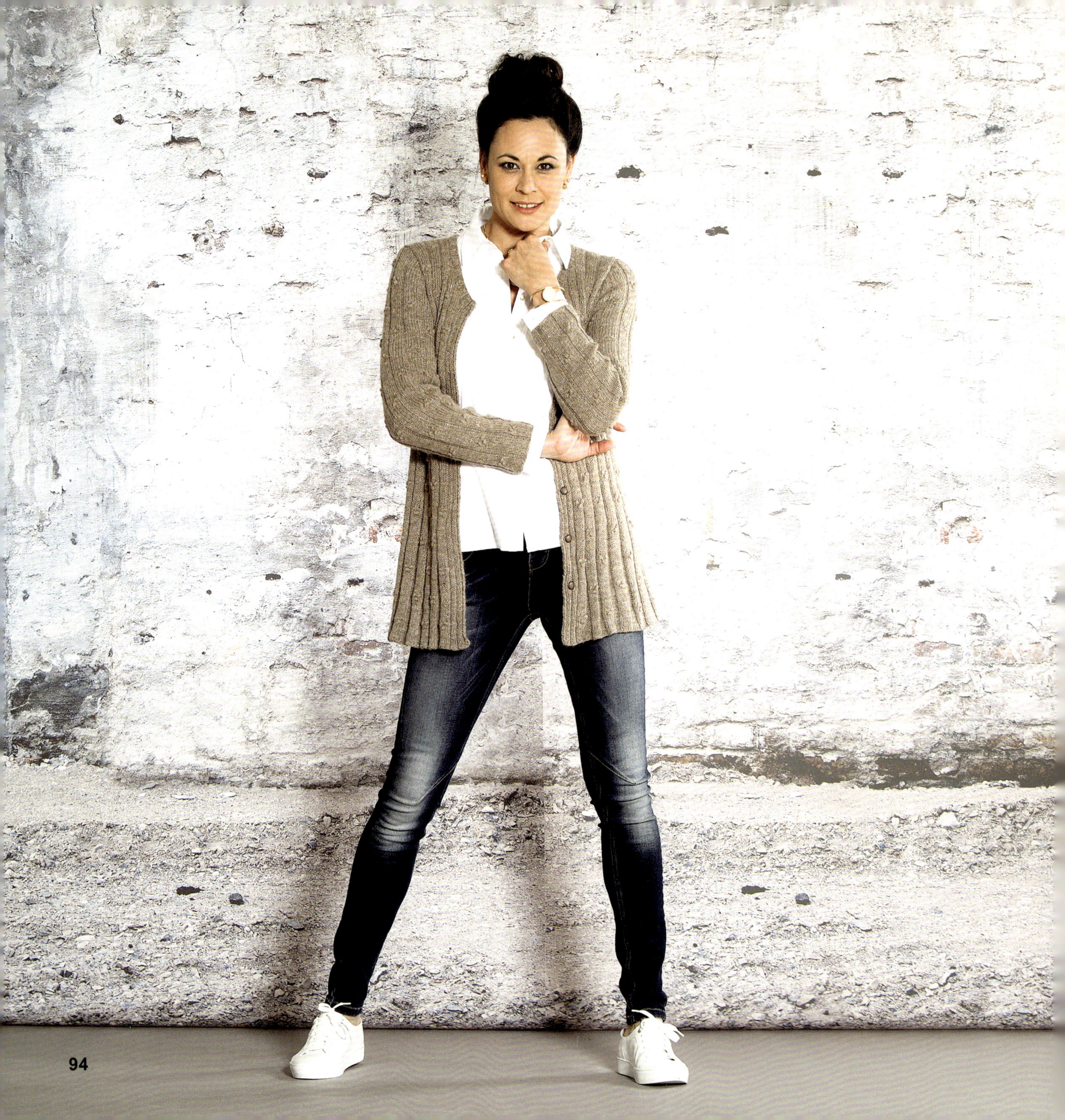

DREIEINIGKEIT

Gr.: S(M)L(XL)

Halbe Oberweite: 47(50)56(60) cm
Länge: 68 cm
Innere Ärmellänge: 42 cm

Material
300(300)350(350)g Isager Merilin Farbe 7s
150(150)200(200)g Isager Alpaca 1 Farbe 7s
Mit beiden Qualitäten zusammen str

9 Knöpfe

Rundnadel Nr. 4

Maschenprobe glatt rechts mit beiden Fäden gestrickt: 10 cm = 20 M und 28 R
Maschenprobe in Rippen mit beiden Fäden: 10 cm = 22 M und 28 R

Die Jacke wird von oben nach unten gestrickt

A: 5 M aus 1 M str, dafür abwechselnd in den vorderen und hinteren Maschenbogen str – die ersten 4 dieser 5 M über die letzte M heben, sodass sie wieder abgekettet werden = wieder 1 M.
B: Von der Rückseite der Arbeit den Maschenbogen unterhalb der Noppe auf die li Nd heben und mit der Noppenmasche li zus str.

RECHTE RÜCKENSCHULTER

16(16)23(23) M mit Nd Nr. 4 anschl.
In Reihen hin und her str.
Reihe 1 (RückR): *2 re – 5 li*.
Von * bis * str. Enden mit 2 re.
Reihe 2: 1 re – *1 li – 5 re – 1 li*.
Von * bis * str. Enden mit 1 re.
Reihe 3: Wie Reihe 1.
Reihe 4: Wie Reihe 2.
Reihe 5: Wie Reihe 1.
Die Fäden abschneiden. Die Schulter zur Seite legen.

LINKE RÜCKENSCHULTER

Wie die RECHTE SCHULTER str.
Die Fäden nicht abschneiden. Über beide Schultern weiter str.

RÜCKEN

Reihe 6 (HinR): Die LINKE SCHULTER wie in Reihe 2 str – 33 M in Verlängerung der Maschen anschl.
Die RECHTE SCHULTER ebenfalls wie in Reihe 2 str = 65(65)79(79) M.

Über alle M str:
Reihe 7: *2 re – 5 li*. Von * bis * str. Enden mit 2 re.
Reihe 8: 1 re – *1 li – 5 re – 1 li*.
Von * bis * str. Enden mit 1 re.
Reihe 9: Wie Reihe 7.

Noppen:
Reihe 1: 1 re – *1 li – 1 re – A – 1 re – A – 1 re – 2 li – 5 re – 1 li*.
Von * bis * str. Enden mit 1 li – 1 re – A – 1 re – A – 1 re – 1 li – 1 re.
Reihe 2: *2 re – 1 li – B – 1 li – B – 1 li – 2 re – 5 li*.
Von * bis * str. Enden mit 2 re – 1 li – B – 1 li – B – 1 li – 2 re.
Reihe 3: 1 re – *1 li – 2 re – A – 2 re – 2 li – 5 re – 1 li*.
Von * bis * str. Enden mit 1 li – 2 re – A – 2 re – 1 li – 1 re.
Reihe 4: *2 re – 2 li – B – 2 li – 2 re – 5 li*.
Von * bis * str. Enden mit 2 re – 2 li – B – 2 li – 2 re.

10 R Rippen wie bisher str.
Die Arbeit misst ca. 8 cm.

Noppen und Zunahmen str:
Zun in allen R str, dafür aus der ersten Masche 2 M str.
Die neuen M nach und nach in das Rippenmuster einfügen.
Die erste und letzte M in allen R re str.
GLEICHZEITIG die 2. Noppen-Gruppe str, wie oben beschrieben – dieses Mal in die Rechts-Streifen, die beim letzten Mal ohne Noppen gestrickt wurden.
Nach diesen 4 Noppenreihen sind es = 69(69)83(83) M.

10 Rippenreihen str, mit Zun am Anfang jeder R = 79(79)93(93) M.

Die 3. Noppengruppe in die gleichen Rechts-Streifen wie die 1. Noppengruppe str.
Die Zun fortsetzen.
Nach den 4 Noppenreihen sind es = 83(83)97(97) M.

10 Rippenreihen mit Zun am Anfang jeder R str = 93(93)107(107) M.

Gr. S(M): Die Fäden abschneiden.
Gr. L(XL):
Die 4. Noppengruppe str – weiterhin mit Zun = 111(111) M.
Die Fäden abschneiden.

Die Arbeit misst ca. 18(18)20(20) cm.

RECHTES VORDERTEIL

16(16)23(23) M aus der Anschlagreihe der rechten Rückenschulter heraus str.
Die Reihen 1 - 2 wie an den Rückenschultern str, bis insg 9 R gestrickt sind.

Noppen str.
Gr. S: Noppen in den ersten Rechts-Streifen str.
Gr. (M): Noppen in den zweiten Rechts-Streifen str.
Gr. L: Noppen in den mittleren Rechts-Streifen str.
Gr. (XL): Noppen in den ersten und dritten Rechts-Streifen str.

Gr. S(XL): Die Noppen sind in dem gleichen Rechts-Streifen wie am Rücken.
Gr. (M)L: Die Noppen sind versetzt zu den Noppen am Rücken.

Nach diesen 4 Noppenreihen für den Halsausschnitt zun:
10 R Rippen str und dabei in allen HinR aus der letzten Masche 2 M str = 21(21)28(28) M.

Die 2. Noppengruppe versetzt zu der vorherigen Noppengruppe str – nun in Verlängerung der HinR am Halsausschnitt 2-mal 2 M anschl = 25(25)32(32) M.

4 R Rippen str und 2-mal in Verlängerung der HinR am Halsausschnitt 2 M anschl = 29(29)36(36) M.

Am Halsausschnitt 1-mal 3 M anschl und gleichzeitig für den Armausschnitt aus der letzten Masche der RückR 2 M str = 33(33)40(40) M.
7 M am Halsausschnitt anschl.
In den RückR str: 3 re – 2 li – 2 re – 2 li – 2 re – in Rippen wie bisher – enden mit 2 M aus der letzten Masche = 41(41)48(48) M.
Die neuen M im Rippenmuster str – die äußerste M in allen R re str.
1 RückR str und aus der letzten Masche 2 M str = 42(42)49(49) M.

Die 3. Noppengruppe versetzt zu der vorherigen Noppengruppe str. Weiterhin am Ende der RückR zun = 44(44)51(51) M.

6(6)8(8) R in Rippen mit Zun am Ende der RückR str = 47(47)55(55) M.

Gr. S(M):
2 R in Rippen str und 1-mal am Ende der RückR 3 M anschl = 50 M.
Ein Knopfloch am Ende der HinR str:
43 M wie bisher str – 2 li zus – 2 neue M anschl – 2 re verschr zus – 2 li – 1 re.
1 R in Rippen str und am Ende dieser RückR 3 M anschl = 53(53) M.
Die Fäden abschneiden.

Gr. L(XL):
Ein Knopfloch am Ende der HinR str:
48 M wie bisher str – 2 li zus – 2 neue M anschl – 2 re verschr zus – 2 li – 1 re.
1 R in Rippen str und am Ende dieser RückR aus der letzten Masche 2 M str = 56 M.
Die 4. Noppengruppe versetzt zu der vorherigen Noppengruppe str und 2-mal am Ende der RückR 3 M anschl = 62(62) M.
Die Fäden abschneiden.

LINKES VORDERTEIL

Wie das rechte Vorderteil str, bis 9 R in Rippen gestrickt sind.

Noppen str.
Gr. S: Noppen in den zweiten Rechts-Streifen str.
Gr. (M): Noppen in den ersten Rechts-Streifen str.
Gr. L: Noppen in den mittleren Rechts-Streifen str.
Gr. (XL): Noppen in den ersten und dritten Rechts-Streifen str.

10 R in Rippen str und am Ende aller RückR aus der letzten Masche 2 M str = 21(21)28(28) M.

Die 2. Noppengruppe versetzt zu der vorherigen Noppengruppe str – nun in Verlängerung der RückR am Halsausschnitt 2-mal 2 M anschl = 25(25)32(32) M.

4 R in Rippen str und 2-mal in Verlängerung der RückR am Halsausschnitt 2 M anschl = 29(29)36(36) M.

Mit Rippen weiter str.
In der HinR für den Armausschnitt aus der letzten Masche 2 M str.
In der RückR für den Halsausschnitt 3 M anschl = 33(33)40(40) M.
In der HinR für den Armausschnitt aus der letzten Masche 2 M str.
In der RückR für den Halsausschnitt 7 M anschl = 41(41)48(48) M.
In der HinR str: 1 re – 2 li – 2 re – 2 li – 2 re – in Rippen weiter str wie bisher – aus der letzten Masche 2 M str.
1 RückR str – mit Rippen über die letzten 9 M. Dabei die letzte M in allen R re str.

Die 3. Noppengruppe versetzt zu der vorherigen Noppengruppe str. Weiterhin am Ende der HinR zun = 44(44)51(51) M.

6(6)10(10) R Rippen mit Zun am Ende der HinR str = 47(47)56(56) M.

Gr. S(M):
4 R in Rippen str und 2-mal am Ende der RückR 3 M anschl = 53(53) M.
Die Fäden NICHT abschneiden.

Gr. L(XL):
Die 4. Noppengruppe versetzt zu der vorherigen Noppengruppe str und 2-mal am Ende der RückR 3 M anschl = 62(62) M.
Die Fäden NICHT abschneiden.

KÖRPER

In einer HinR über alle Teile str.
Im Muster weiter str. Für Gr. S(M) die Noppen in der ersten R str.

Zuerst 53(53)62(62) M des linken Vorderteils str – 5(12)8(15) neue M anschl – 93(93)111(111) Rückenmaschen str – 5(12)8(15) neue M anschl – 53(53)62(62) M des rechten Vorderteils str = 209(223)251(265) M.

Im Muster weiter str.
Das Knopfloch in jeder 20. R wdh.

Nach der 8. Noppengruppe misst die Arbeit ab der Schulter ca. 40 cm.
In der Rückenmitte nun in den HinR Abn str: 86(93)107(114) M im Muster str – *2 li zus – 5 re*. Von * bis * insg 5-mal str – 2 li zus – 86(93)107(114) M im Muster str = 203(217)245(259) M.

9 R im Muster str und dabei die abgenommenen M berücksichtigen.

An den gleichen Stellen Zun str, an denen vorher Abn gestrickt wurden: 86(93)107(114) M im Muster str – *1 neue M li, dafür den Faden zw den M verschr auf die li Nd heben und li str – 1 li – 5 M im Muster*. Von * bis * insg 5-mal str – 1 neue li – 1 li – 86(93)107(114) M im Muster str = 209(223)251(265) M.

9 R im Muster str.
In der HinR die 1. Zun über die gesamte Arbeit str:
16 M im Muster str – *1 neue li – 14 M im Muster*.
Von * bis * insg 13(14)16(17)-mal str.
Enden mit 11 M im Muster = 222(237)267(282) M.

9 R im Muster str und dabei die zugenommenen M berücksichtigen.
Die 2. Zun str: 24 M im Muster str – *1 neue li – 15 M im Muster*.
Von * bis * insg 13(14)16(17)-mal str.
Enden mit 3 M im Muster = 235(251)283(299) M.

9 R im Muster str.
Die 3. Zun str: 16 M im Muster str – *1 neue li – 16 M im Muster*.
Von * bis * insg 13(14)16(17)-mal str.
Enden mit 11 M im Muster = 248(265)299(316) M.

9 R im Muster str.
Die 4. Zun str: 25 M im Muster str – *1 neue li – 17 M im Muster *.
Von * bis * insg 13(14)16(17)-mal str.
Enden mit 1 li – 1 re = 261(279)315(333) M.

9 R im Muster str.
Die 5. Zun str: 16 M im Muster str – *1 neue li – 18 M im Muster *.
Von * bis * insg 13(14)16(17)-mal str.
Enden mit 11 M im Muster = 274(293)331(350) M.

9 R im Muster str.
Die 6. Zun str: 25 M im Muster str – *1 neue li – 19 M im Muster *.
Von * bis * insg 13(14)16(17)-mal str.
Enden mit 1 re = 287(307)347(367) M.

Im Muster weiter str. Dabei das 8. und letzte Knopfloch str.

Nach der letzten Noppengruppe noch 7 R in Rippen str.

Im Rippenmuster abk.

ÄRMEL

Die Ärmel von oben nach unten str.
11 M mit Nd Nr. 4 anschl.
In Reihen hin und her str.

Reihe 1 (RückR): 3 re – 5 li – 3 re.
Reihe 2: 1 re – 2 li – 5 re – 2 li – 1 re – 2 M in Verlängerung der R anschl.
Reihe 3: 1 re – 2 li – 2 re – 5 li – 2 re – 1 li – 2 M in Verlängerung der R anschl.
Reihe 4: 3 re – 2 li – 5 re – 2 li – 3 re – 2 M in Verlängerung der R anschl.
Reihe 5: 1 re – 4 li – 2 re – 5 li – 2 re – 3 li – 2 M in Verlängerung der R anschl.
Reihe 6: 5 re – 2 li – 5 re – 2 li – 5 re – 2 M in Verlängerung der R anschl.
Reihe 7: 2 re – 5 li – 2 re – 5 li – 2 re – 5 li – 2 M in Verlängerung der R anschl.
Reihe 8: 1 re – 1 li – 5 re – 2 li – 5 re – 2 li – 5 re – 2 li – 2 M in Verlängerung der R anschl.
Reihe 9: 1 re – 1 li – 2 re – 5 li – 2 re – 5 li – 2 re – 5 li – 2 re – 2 M in Verlängerung der R anschl = 27 M.

Gr. S(M):
Reihe 10: 2 re – 2 li – 5 re – 2 li – 1 re – A – 1 re – A – 1 re – 2 li – 5 re – 2 li – 1 re – aus der letzten Masche 2 M str.
Reihe 11: 1 re – 2 li – 2 re – 5 li – 2 re – 1 li – B – 1 li – B – 1 li – 2 re – 5 li – 2 re – 1 li – aus der letzten Masche 2 M str.
Reihe 12: 3 re – 2 li – 5 re – 2 li – 2 re – A – 2 re – 2 li – 5 re – 2 li – 2 re – aus der letzten Masche 2 M str.
Reihe 13: 1 re – 3 li – 2 re – 5 li – 2 re – 2 li – B – 2 li – 2 re – 5 li – 2 re – 2 li – aus der letzten Masche 2 M str = 31 M.

Gr. L(XL):
Reihe 10: 2 re – 2 li – 5 re – 2 li – 1 re – A – 1 re – A – 1 re – 2 li – 5 re – 2 li – 2 re – 2 M in Verlängerung der R anschl.
Reihe 11: 1 re – 3 li – 2 re – 5 li – 2 re – 1 li – B – 1 li – B – 1 li – 2 re – 5 li – 2 re – 2 li – 2 M in Verlängerung der R anschl.
Reihe 12: 4 re – 2 li – 5 re – 2 li – 2 re – A – 2 re – 2 li – 5 re – 2 li – 4 re – 2 M in Verlängerung der R anschl.
Reihe 13: 1 re – 5 li – 2 re – 5 li – 2 re – 2 li – B – 2 li – 2 re – 5 li – 2 re – 4 li – 2 M in Verlängerung der R anschl = 35 M.

10 R str und dabei in jeder R aus der letzten Masche 2 M str = 41(41)45(45) M.
Die neuen M in das Muster einfügen.
4 Noppenreihen str, mit Noppen versetzt zu den vorherigen Noppen, und gleichzeitig die Zun am Ende jeder R str = 45(45)49(49) M.

10 R mit Zun wie bisher str = 55(55)59(59) M.

4 Noppenreihen versetzt zu den vorherigen Noppen str. Die neu entstandenen Rechts-Streifen müssen aus 5 rechten M bestehen, bevor darin Noppen gestrickt werden können.
Mit Zun wie bisher weiter str = 59(59)63(63) M.

0(4)4(10) R mit Zun wie bisher str = 59(63)67(73) M.

Gr. S(M)L:
4(4)6 R str und dabei in Verlängerung der R 2 M anschl = 67(71)79 M.

Gr. (XL):
4 Noppenreihen str und dabei in Verlängerung der R 2 M anschl = 81 M.
2 R str und dabei in Verlängerung der R 2 M anschl = 85 M.

Alle Gr.:
Die Armkugel ist fertig. Keine weiteren Zun str.

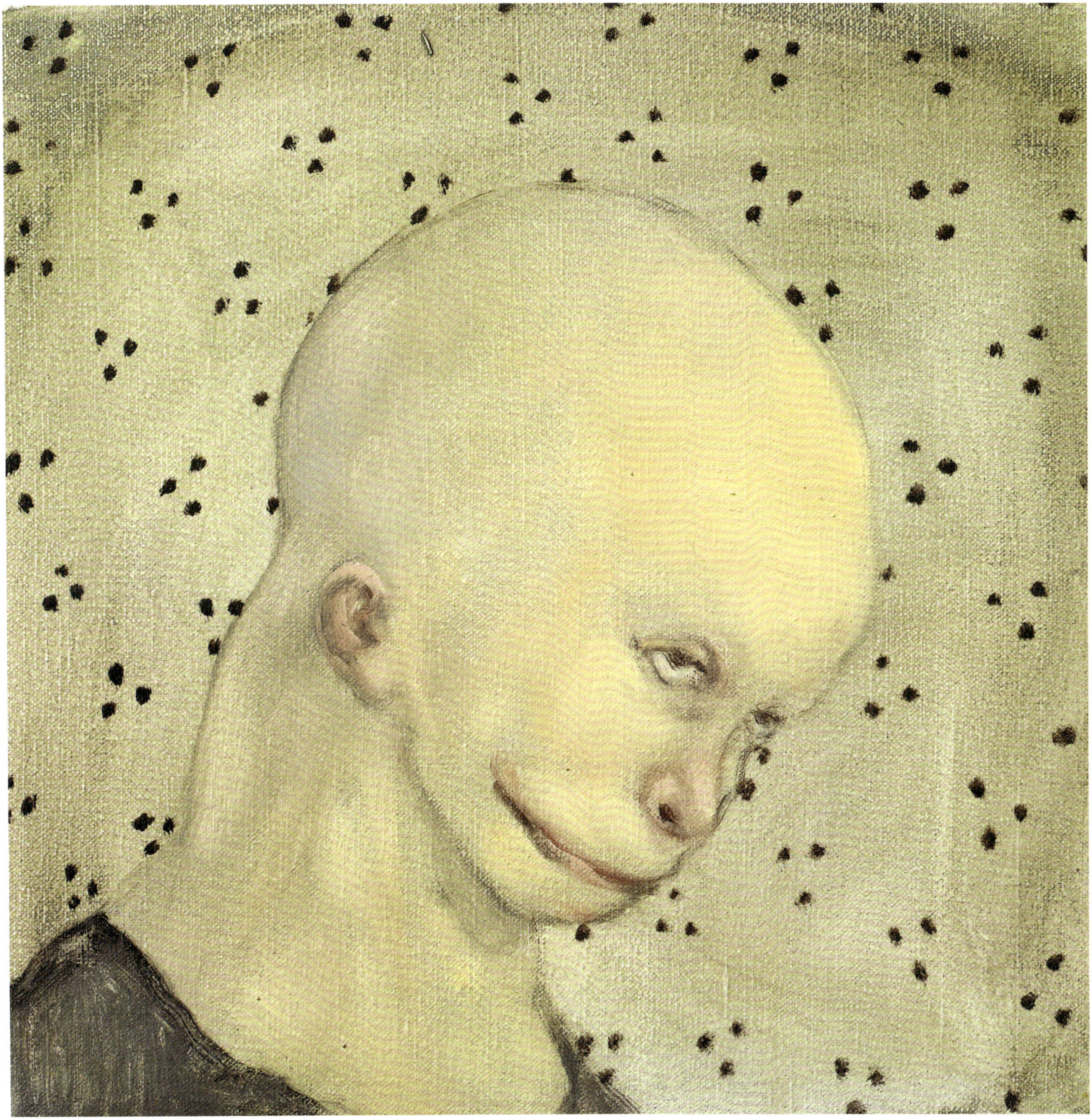

8(4)4(8) R im Muster mit Noppen str.

Abn in der nächsten R str, dafür am Anfang und Ende der R 2 re zus str = 65(69)77(83) M. Die Abn in jeder 8.(8.)8.(6.) R wdh, bis es 41(43)51(51) M sind.

Weiter str, bis der Ärmel nach der Armkugel ca. 42 cm misst.
In einer HinR abk.

Den zweiten Ärmel genauso str.

HALSRAND

Entlang des Halsrands Maschen mit Nd Nr. 4 heraus str.
Am rechten Vorderteil beg:
11 M aus den äußeren 11 M des Vorderteils str.
6 M aus dem Rechts-Streifen str – 2 M aus der Linksrippe str – 8 M aus dem Rechtsstreifen.
16 M bis zum Nacken heraus str.
33 M aus den Nackenmaschen str – dabei dem Rippenmuster folgen.
16 M bis zu den Rechts-Streifen des Vorderteils heraus str.
8 M aus dem Rechts-Streifen – 2 M aus der Linksrippe – 6 M aus dem Rechts-Streifen str.
11 M aus den äußeren 11 M des Vorderteils str = 119 M.

Reihe 1: 3 re – *2 li – 2 re*.
Von * bis * wdh, bis 43 M gestrickt sind = Übergang zu den Nackenmaschen.
Über die Nackenmaschen str *2 li – 1 re – 2 li – 2 re*.
Von * bis * insg 4-mal str. Enden mit 2 li – 1 re – 2 li = Übergang zu den Schultermaschen.
2 re – 2 li str. Von * bis * wdh. Enden mit 3 re.

Weitere 2 R im Muster str.
Die erste und letzte M immer re str.
Ein Knopfloch str: 1 re – 2 li – 2 re zus – 2 neue M anschl – 2 li zus – in Rippen str wie bisher.
Weitere 3 R im Muster str.

Im Rippenmuster locker abketten.

FERTIGSTELLUNG

Vor dem Einnähen die Ärmel mit Nadeln in den Armausschnitt heften. Von außen einnähen.
Die Fäden vernähen und die Knöpfe annähen.

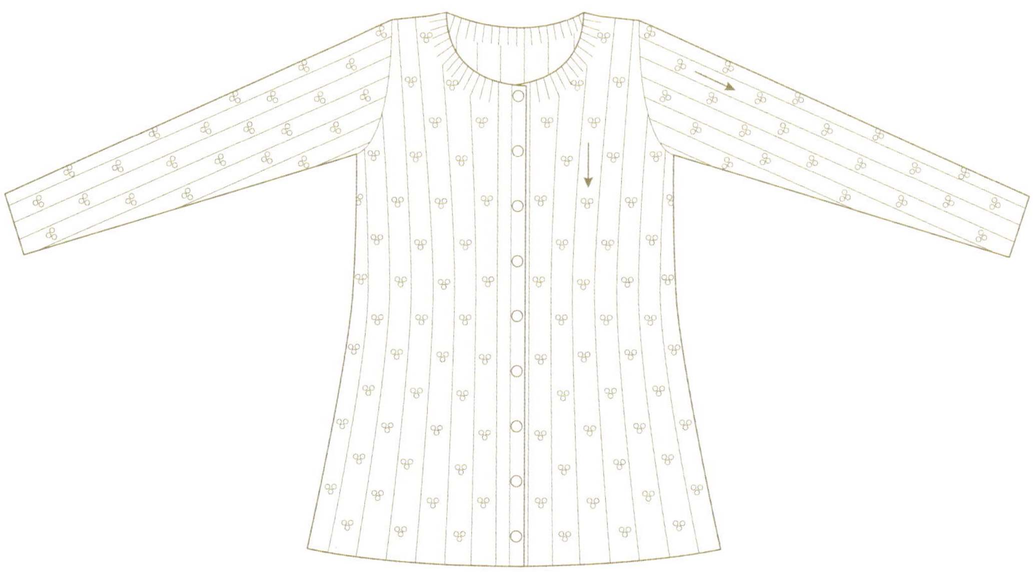

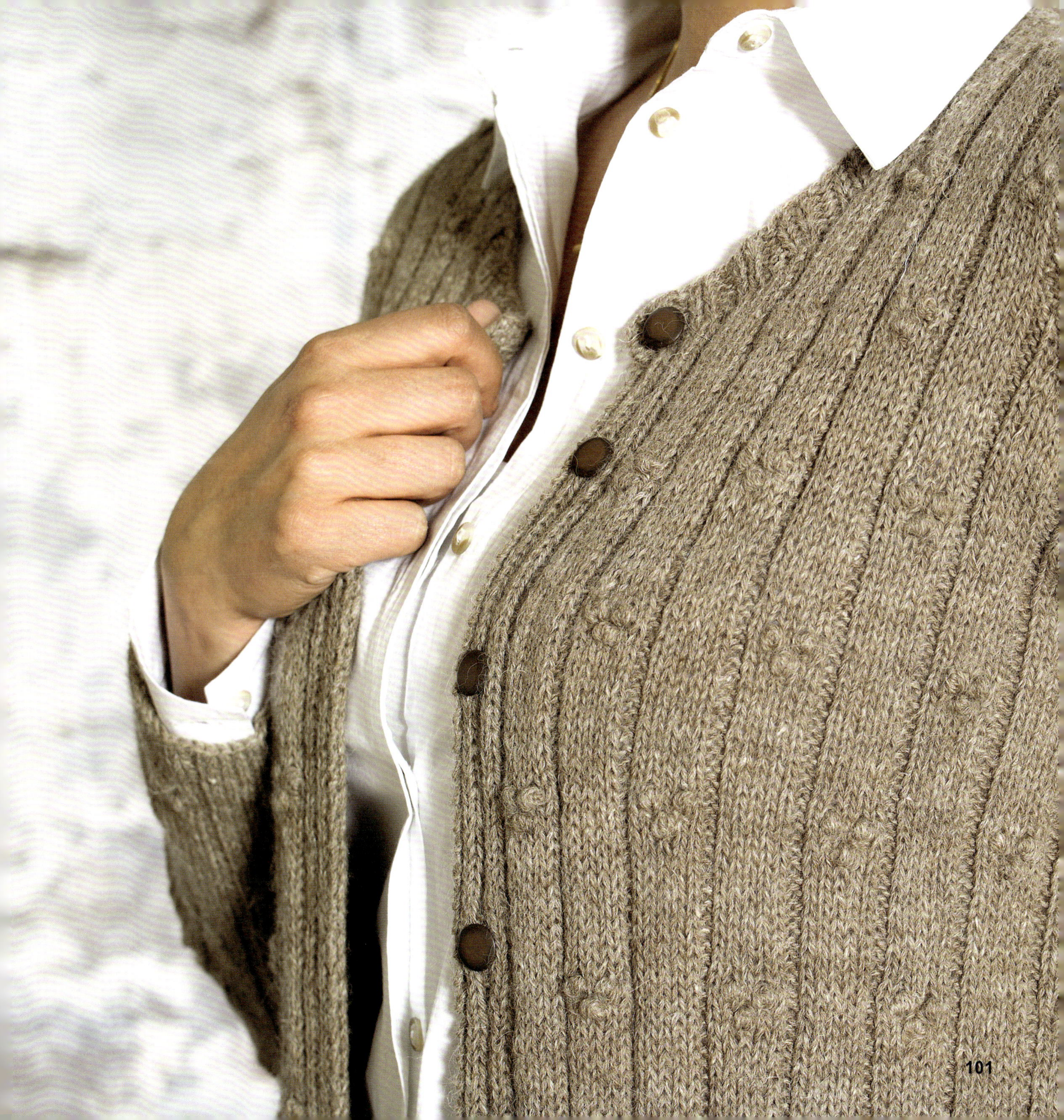

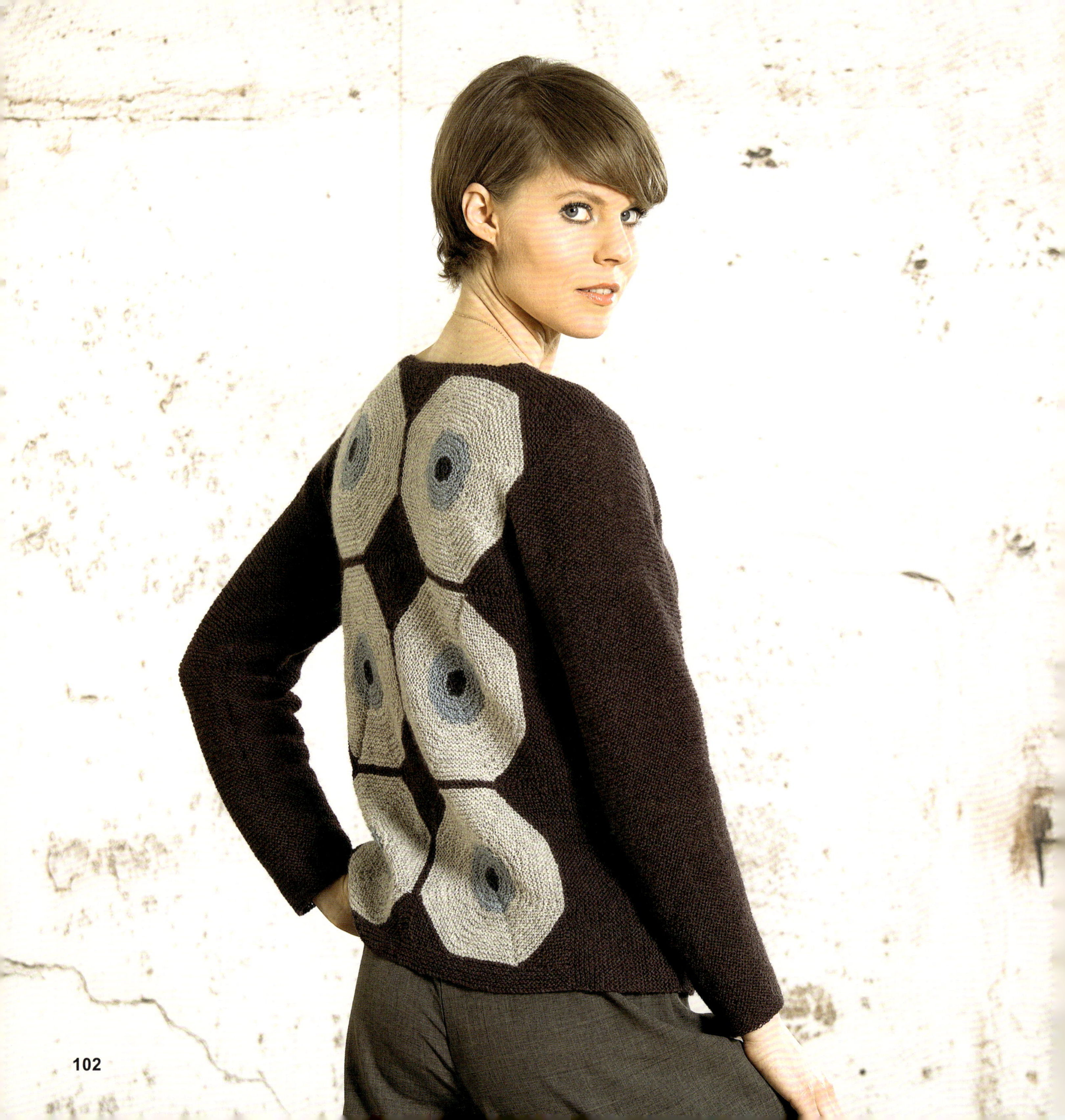

AUGEN IM NACKEN

Gr.: S(M)L(XL)

Halbe Oberweite: 48(52)56(60) cm
Länge: 57 cm
Innere Ärmellänge: 44(44)42(42) cm

Material
A: 10g Isager Tvinni Farbe 47
B: 15g Isager Alpaca 2 Farbe 11
C: 50g Isager Alpaca 2 Farbe 2s
D: 250(250)250(300)g Isager Tvinni Farbe 60s

Rundnadel und Strumpfnadeln Nr. 3

Maschenprobe kraus rechts gestrickt: 10 cm = 26 M und 52 R

ZWEI UNTERE AUGEN (1)

In Reihen auf mehreren Strumpfnadeln hin und her str und später evtl zu 40 cm Rundnd wechseln.

4 M mit A anschl = Mitte des Auges.

Reihe 1 (HinR): Aus jeder Masche 2 M str = 8 M.
Reihe 2: 8 re str.
Reihe 3: Aus jeder Masche 2 M str = 16 M.
Reihe 4: 16 re str.
A abschneiden.

Zu B wechseln:
Reihe 5 mit Zunahme: 1 re – *1 neue re, dafür den Faden zw den M aufnehmen und re verschr str – 2 re*.
Von * bis * wdh. Enden mit 1 neue re – 1 re = 24 M
Reihen 6, 7, 8: 3 R re str.

Reihe 9 mit Zun: 2 re – *1 neue re – 3 re*.
Von * bis * wdh. Enden mit 1 neue re – 1 re = 32 M.
Reihen 10, 11, 12: 3 R re str.

Reihe 13 mit Zun: *1 re – 1 neue re – 2 re – 1 neue re – 1 re – eine Markierung setzen*.
Von * bis * wdh = 48 M.
Die Markierungen Reihe für Reihe mit nach oben nehmen.
Reihen 14, 15, 16: 3 R re str.
B abschneiden.

Zu C wechseln:
Reihen 17, 18: 2 R re str.

Zunahme: *1 re – 1 neue M – 4 re – 1 neue M – 1 re*.
Von * bis * wdh = 64 M.
3 R re str.
Zunahme: *1 re – 1 neue M – 6 re – 1 neue M – 1 re*.
Von * bis * wdh = 80 M.
5 R re str.
Zunahme: *1 re – 1 neue M – 8 re – 1 neue M – 1 re*.
Von * bis * wdh = 96 M.
3 R re str.
Zunahme: *1 re – 1 neue M – 10 re – 1 neue M – 1 re*.
Von * bis * wdh = 112 M.
5 R re str.

Zunahme: *1 re – 1 neue M – 12 re – 1 neue M – 1 re*.
Von * bis * wdh = 128 M.
3 R re str.
Zunahme: *1 re – 1 neue M – 14 re – 1 neue M – 1 re*.
Von * bis * wdh = 144 M.
1 R re str.
C abschneiden.

Zu D wechseln.
2 R re str.
Mit dem Dreieck in der Ecke weiter str.

DREIECK AN DEN ECKEN (4)

Nur über die ersten 18 M str.
Die restlichen M stilllegen:
Jeweils 18 M auf einem separaten Faden stilllegen.

Reihe 1 (HinR): 2 re zus – 14 re – 2 re zus. Wenden.
Reihe 2: 16 re str.
Reihe 3: 2 re zus – 12 re – 2 re zus.
Reihe 4: 14 re str.
Reihe 5: 2 re zus – 10 re – 2 re zus.
Reihe 6: 12 re str.

Weiterhin am Anfang und Ende der HinR Abn str, bis in der RückR 2 re M sind.
D abschneiden.
Den Faden durch die 2 M ziehen.
Das Auge zusammennähen.

Das Auge zur Seite legen und das nächste Auge genauso str.

ZUSAMMENSTRICKEN DER AUGEN

Ein Auge besteht aus 8 Teilen mit jeweils 18 M.
Die 2 Augen nebeneinanderlegen, die Dreiecke an den Augen liegen außen.

Die Augen werden nun in der Mitte zusammen gestrickt.
Die 2×18 M der beiden mittleren Seiten wieder auf zwei Nd heben.
Die Augen mit den Außenseiten aufeinanderlegen.
Von der Innenseite mit einer dritten Nd und Fa D die gegenüberliegenden M zus str und gleichzeitig dabei abk.

SEITENDREIECKE (5)

Die 2×18 M, die sich in der Mitte unterhalb der zus gestrickten M gegenüberliegen, wieder auf zwei Nd heben und das Seitendreieck (5) am unteren Rand str.

Mit D von der Außenseite str.
Reihe 1 (HinR): 2 re zus – 14 re – 2 re verschr zus – 2 M aus der zus gestrickten Naht heraus str – 2 re zus – 14 re – 2 re zus. Wenden.
Reihe 2: 34 re str.
Reihe 3: 2 re zus – 12 re – 2 re verschr zus – 2 re – 2 re zus – 12 re – 2 re zus.
Reihe 4: 30 re str.
Reihe 5: 2 re zus str – 10 re – 2 re verschr zus – 2 re – 2 re zus – 10 re – 2 re zus.
Reihe 6: 26 re str.

Weiterhin Abn in den HinR am Anfang und Ende der R, sowie an jeder Seite der 2 mittleren M str, bis es in der RückR nur noch 6 re M sind.

Dann 2 re zus – 2 re zus – 2 re zus str.
D abschneiden.
Den Faden durch die 3 M ziehen.

UNTERER RAND (6)

Die 2×18 M, die auf den unteren Rand treffen, wieder auf Nd heben.
Mit D von der Außenseite str.
14 M aus dem rechten Eckdreieck heraus str, von der Spitze in Richtung Auge – 18 Augenmaschen str – 28 M aus dem Seitendreieck str – 18 Augenmaschen str – 14 M aus dem linken Eckdreieck str, über die erste Hälfte des Dreiecks bis zur Spitze des Dreiecks = 92 M.
10 R re str.
In einer RückR abk.

ZWEI OBERE AUGEN (2)

Wie die beiden unteren Augen mit Eckdreiecken str. Die Augen zus str.
Wie für den UNTEREN RAND str, aber nur 6 R.

In der RückR für den Nacken abk:
26(24)24(22) M str – 40(44)44(48) M abk – 26(24)24(22) M str (die erste M ist bereits auf der Nd).
4 R re über die 26(24)24(22) Schultermaschen str.
D abschneiden. Die M stilllegen.
4 R re über die andere Schulter str, mit einer HinR am Nacken beg.
Auch diese M stilllegen.

ZWEI MITTLERE AUGEN (3)

Nun 2 Augen ohne Eckdreiecke str.
Den Faden mit ca. 50 cm Länge abschneiden.

Jedes Auge zusammennähen, aber dafür nicht den 50 cm langen Faden verwenden.

Die bisherige Arbeit flach auf einem Tisch auslegen, um einen Überblick zu bekommen:
Die oberen Augen oben - die unteren Augen unten hinlegen.

Die stillgelegten M nacheinander, wenn sie zum Stricken gebraucht werden, wieder auf Nd heben.

Nun müssen die mittleren Augen in die Mitte eingefügt werden:
Das linke mittlere und das linke untere Auge mit dem 50 cm langen Fadenende zus str.
Das Auge auch mit dem oberen linken Auge zus str, hier muss ein Extrafaden genommen werden.

Das rechte mittlere und das rechte obere Auge mit dem 50 cm langen Fadenende zus str.
Das Auge auch mit dem rechten unteren Auge zus str, hier muss ein Extrafaden genommen werden.

Nun die 2 mittleren Augen zus str.

An den Seiten zwischen den oberen und den mittleren Augen Seitendreiecke str.
Ebenfalls Seitendreiecke zwischen die mittleren und unteren Augen str.

MITTELFELDER (7)

Nun müssen noch die 2 Löcher in der Rückenmitte geschlossen werden.
Mit D: In der Spitze zwischen den unteren Augen beg.
In Rd mit Strumpfnadeln str.

Runde 1: *1 M aus der zusammengestrickten Naht str – 2 re zus – 14 re – 2 re verschr zus – 1 M aus der Naht*.
Von * bis * bis zum Ende der Rd wdh.
Runde 2: 72 li str.
Runde 3: *1 re – 2 re zus – 12 re – 2 re verschr zus – 1 re*.
Von * bis * bis zum Ende der Rd wdh.
Runde 4: 64 li str.
Runde 5: *1 re – 2 re zus – 10 re – 2 re verschr zus – 1 re*.
Von * bis * bis zum Ende der Rd wdh.
Runde 6: 56 li str.

Die Abn in den Ecken weiterhin in jeder 2. Rd str, bis 16 li M in der Rd sind.
In der nächsten Rd immer 2 und 2 M re zus str = 8 M.
Den Faden abschneiden und durch die 8 M ziehen, sodass das Loch geschlossen wird.

Bei dem zweiten Mittelfeld wdh.

VORDERTEIL

86 M mit D und Nd Nr. 3 anschl.
12 R re str.
Die erste R ist eine HinR (als Außenseite markieren).

In der HinR Zun str: 8 re – *1 neue re – 14 re*.
Von * bis * wdh. Enden mit 1 neue re – 8 re = 92 M.

Kraus rechts weiter str, bis an der Außenseite 127(125)125(123) krause Rippen gezählt werden können (inkl. der Anschlagreihe).

Eine HinR re str.
In der RückR für den Halsausschnitt abk: 40 M str – 12 M abk – 40 M str (die 1. M ist bereits auf der Nd).

Jede Seite für sich fertig str.
Mit der linken Schulter beg.
Für den Halsausschnitt in jeder RückR die 2 ersten M zus str.
Die Abn wdh, bis noch 26(24)24(22) M übrig sind.
14 R re str.
Insg sind am Vorderteil nun 150 krause Rippen gestrickt.

Die linke Rückenschulter wieder auf eine Nd heben.
Vorderteil und Rücken mit den Außenseiten aneinanderlegen.
Von der Innenseite die Schulter wie die Augen zus str.
Den Faden abschneiden.

Die rechte Schulter auf die gleiche Weise str.
Mit einer HinR beg.
Für den Halsausschnitt in jeder RückR die letzten 2 M zus str.

LINKES SEITENTEIL

M mit D und Nd Nr. 3 heraus str.
150 M aus der linken Seite des Vorderteils str.
Entlang des Rückens die M folgendermaßen heraus str:
6 M aus der Rückenschulter str – 14 M aus dem ersten Dreieck – 18 Augenmaschen – 28 M aus dem Seitendreieck – 18 Augenmaschen – 28 M aus dem Seitendreieck – 18 Augenmaschen – 14 M heraus str – 6 M aus dem unteren Rand.
Es sind nun 300 M.
3 R re str.
Abnahmen str (HinR): 147 re – 2 re verschr zus – 2 re – 2 re zus – 147 re = 298 M.
Die Abn in jeder 10. R an beiden Seiten der 2 mittleren M wdh, bis insg 3(4)5(6) Abnahmereihen gestrickt sind = 294(292)290(288) M.
Nach der letzten Abn 7 R str.
Die letzte R ist eine RückR.
Den Faden mit 2 m Länge abschneiden.

Die ersten und letzten 98(95)93(90) M stilllegen.
Diese M später an der Seitennaht zus str.

LINKER ÄRMEL

Über die mittleren 98(102)104(108) Ärmelmaschen 2 R re mit D str.
Mit einer HinR beg.

Abn in der Ärmelmitte wie bisher str.
Die Abn weiterhin in jeder 10. R str, bis noch 54(58)60(64) M übrig sind.
Weiter str, bis der Ärmel 44(44)42(42) cm oder die gewünschte Länge misst.
In einer RückR abk.
Den Faden abschneiden.

RECHTES SEITENTEIL

Von außen entlang des Rückens M mit D und Nd Nr. 3 heraus str: 6 M aus dem unteren Rand – 14 M aus dem ersten Dreieck – 18 Augenmaschen – 28 M aus dem Seitendreieck – 18 Augenmaschen – 28 M aus dem Seitendreieck – 18 Augenmaschen – 14 M heraus str – 6 M aus der Schulter.
150 M aus der rechten Seite des Vorderteils str = 300 M.

Das rechte Seitenteil und den Ärmel wie an der linken Seite str.

FERTIGSTELLUNG

Die ersten und letzten 99(98)97(96) M des Seitenteils wieder auf eine Nd heben und wie die Schultern zusammenstricken.
Die Ärmelnähte von außen zusammennähen.
Die Fäden vernähen.

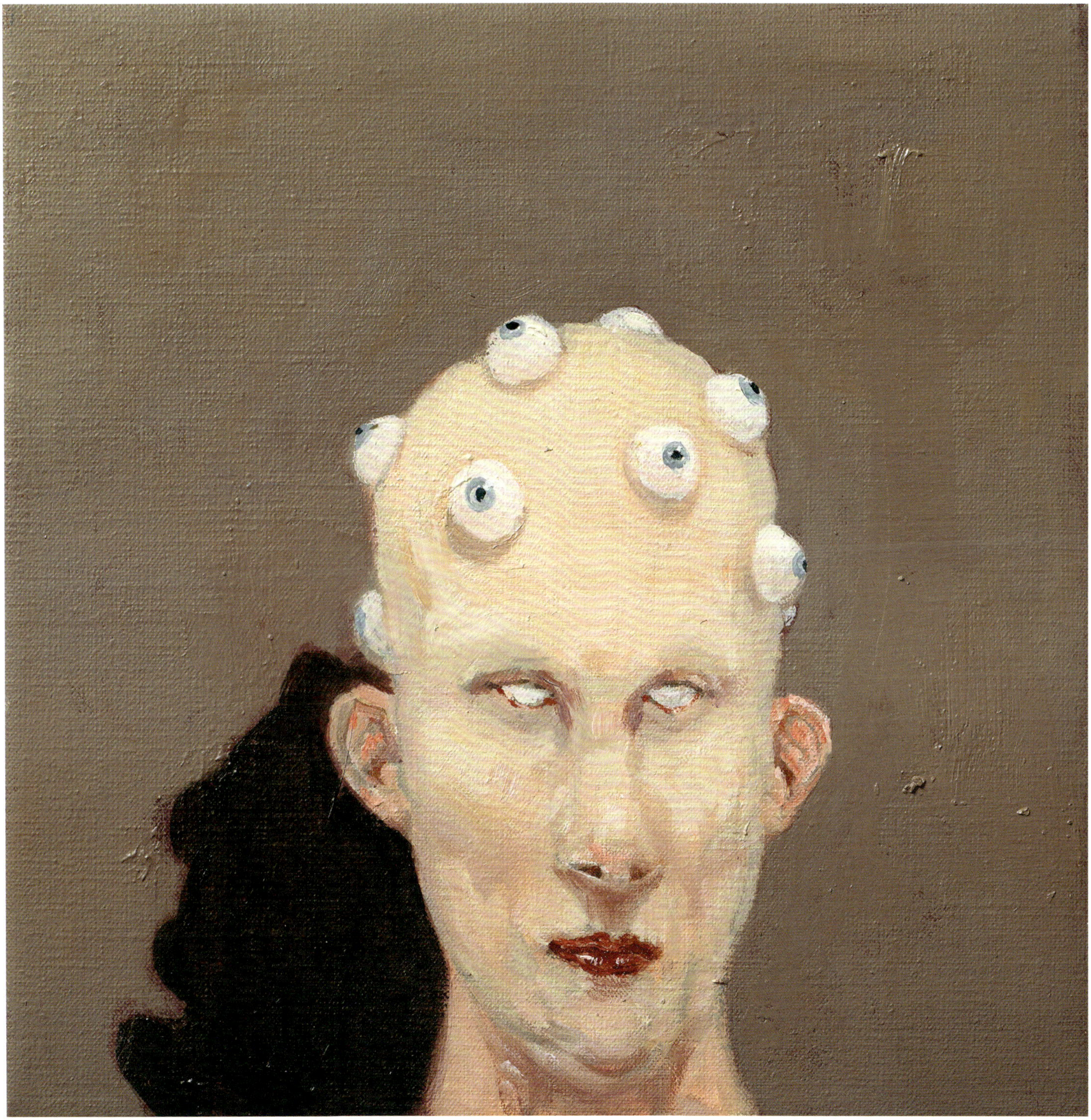

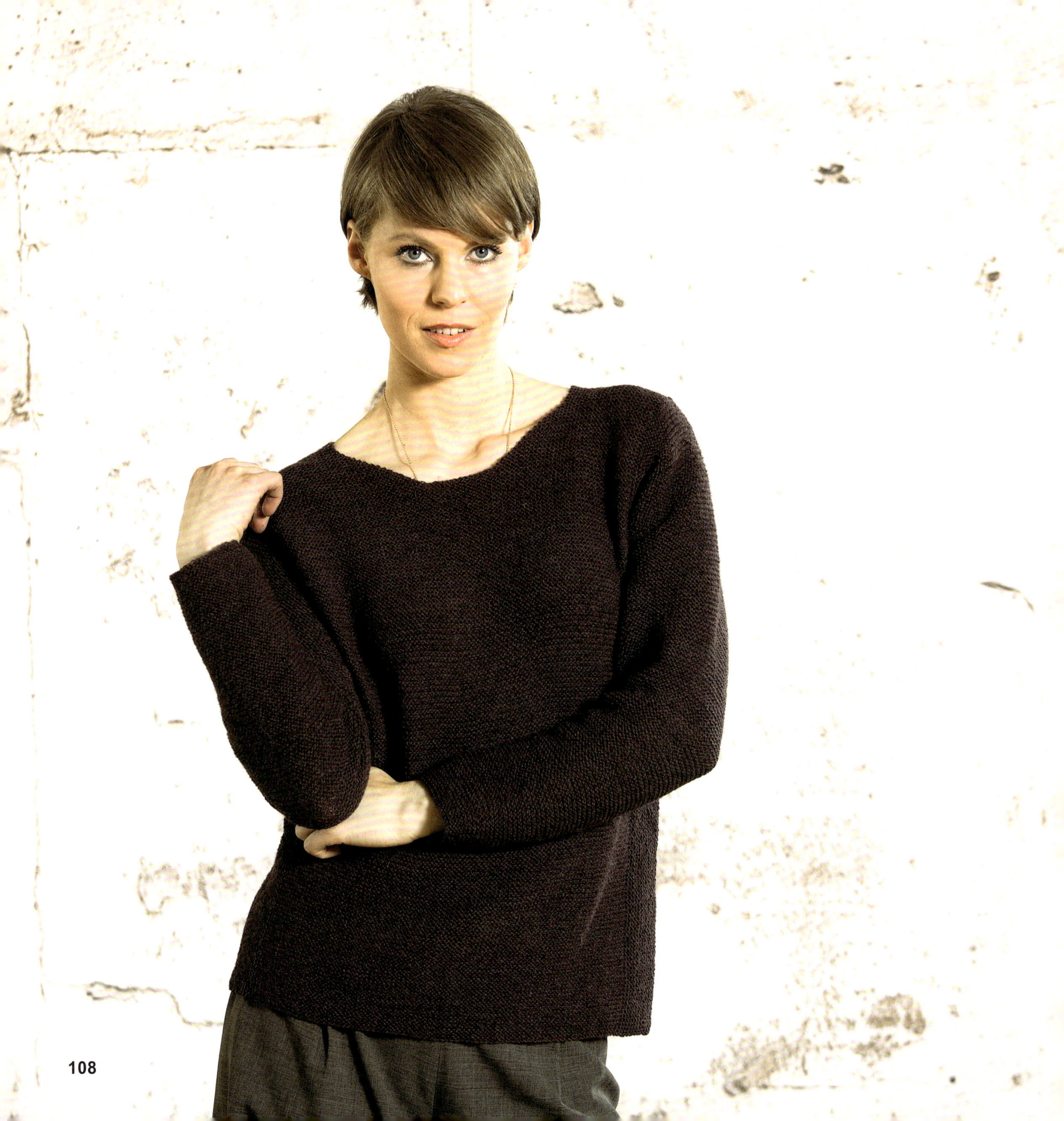

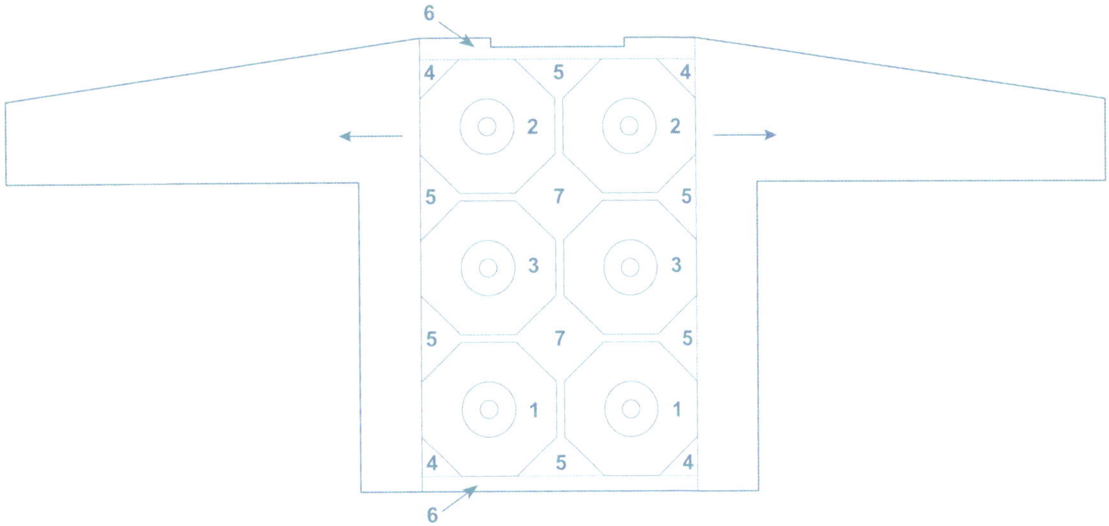
6
4
5
4
2
2
5
7
5
3
3
5
7
5
1
1
4
5
4
6

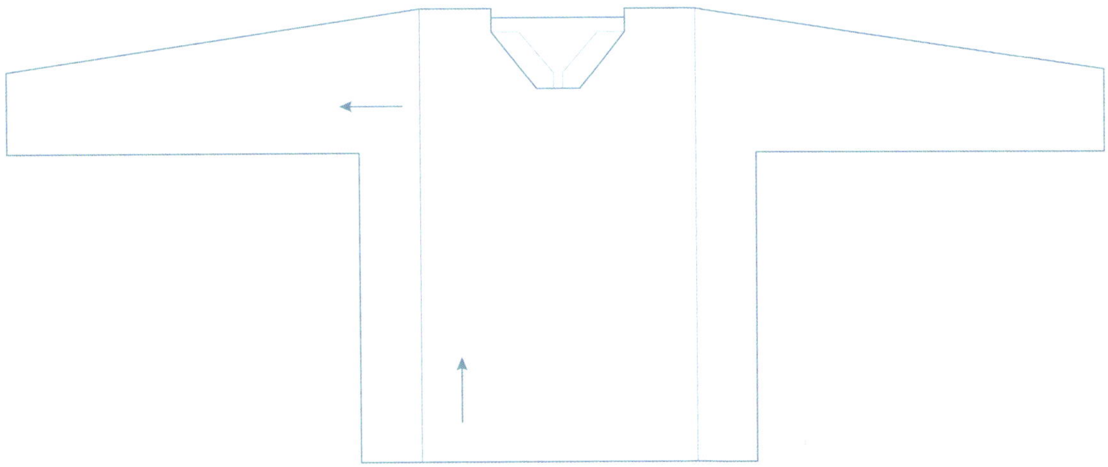

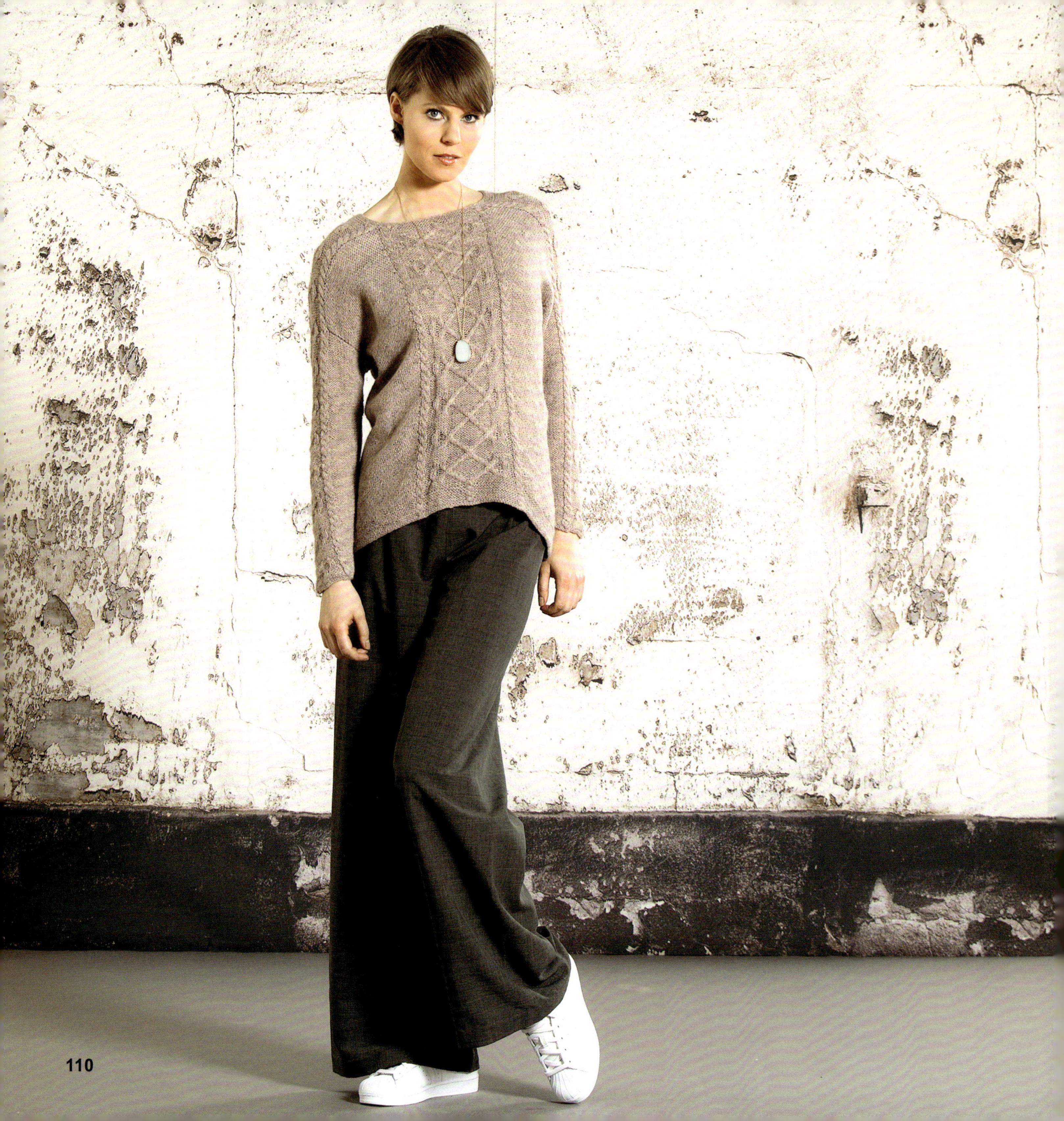

OFFENES GEMÜT

Gr.: S(M)L(XL)
Halbe Oberweite: 48(52)56(60) cm
Länge ab Schulter: 58(59)60(60) cm
Innere Ärmellänge: 39(39)37(37) cm

Material
150(200)200(200)g Isager Spinni Farbe 61s
150(150)150(200)g Isager Alpaca 1 Farbe 61
Die 2 Fäden zusammen verstricken

Rundnadeln Nr. 3½ und 4

Maschenprobe glatt rechts mit Nd Nr. 4 gestrickt: 10 cm = 21 M und 28 R

LINKER ÄRMEL

52(54)60(62) M mit beiden Fäden und Nd Nr. 4 anschl.
In Reihen hin und her str.

RAND
Reihe 1 (RückR): 5(5)7(7) re – 4 li – 15(16)17(18) re – 4 li – 15(16)17(18) re – 4 li – 5(5)7(7) re.
Reihe 2: 52(54)60(62) re.
Reihe 3: Wie Reihe 1 str.

MUSTER
Reihe 1 mit Zunahme (HinR): 1 re – 1 neue li, dafür den Faden zw den M verschr auf die li Nd heben und li abstricken – 4(4)6(6) li – Diagramm – 4(4)6(6) li – 1 neue li – 1 re.
Reihe 2: 6(6)8(8) re – Diagramm – 6(6)8(8) re.
Reihe 3: 1 re – 5(5)7(7) li – Diagramm – 5(5)7(7) li – 1 re.

Reihe 4: Wie Reihe 2.
Reihe 5: Wie Reihe 3.
Reihe 6: Wie Reihe 2.
Reihe 7: Wie Reihe 3.
Reihe 8: Wie Reihe 2.

Reihe 9 mit Zunahme: 1 re – 1 neue li – 5(5)7(7) li – Diagramm – 5(5)7(7) li – 1 neue li – 1 re.
Reihe 10: 7(7)9(9) re – Diagramm – 7(7)9(9) re.
Reihe 11: 1 re – 6(6)8(8) li – Diagramm – 6(6)8(8) li – 1 re.

Reihe 12: Wie Reihe 10.
Reihe 13: Wie Reihe 11.
Reihe 14: Wie Reihe 10.
Reihe 15: Wie Reihe 11.
Reihe 16: Wie Reihe 10.

Laut Diagramm weiter str.
Die Zun am Anfang und Ende jeder 8. R wdh, bis insg 14(14)13(13) Zunahmereihen gestrickt sind.
Die Maschenanzahl außerhalb des Diagramms nimmt entsprechend der Zun zu.

Nach der letzten Zun sind an jeder Seite des Diagramms 19(19)20(20) M.
Es sind 80(82)86(88) M auf der Nd.
Weiter str, bis das Diagramm 7(7)6½(6½)-mal gestrickt ist.
Für längere Ärmel kann ½ Diagramm mehr gestrickt werden.

Für den Armausschnitt abk und dabei laut Diagramm weiter str:
Beidseitig am Anfang der R 2(2)1(1)-mal 4 M abk = 64(66)78(80) M.
Beidseitig am Anfang der R 2(2)3(3)-mal 5 M abk = 44(46)48(50) M.
An jeder Seite des Diagramms ist noch 1 M.
An beiden Seiten eine Markierung setzen.

SCHULTER

Gerade hoch str, bis das Diagramm insg 11-mal gestrickt ist (= Sattelschulter).
2 R laut Diagramm str.

Weiter laut Diagramm str, aber dabei für die Schulterschräge abk:
Reihe 1: 19(20)21(22) M str. Wenden.
Reihe 2: Am Nacken 3 M abk – 16(17)18(19) M str (die 1. M ist bereits auf der Nd).
Reihe 3: 4(4)4(5) M abk – 12(13)14(14) M str (die 1. M ist bereits auf der Nd).
Reihe 4: Am Nacken 2 M abk – 10(11)12(12) M str (die 1. M ist bereits auf der Nd).
Reihe 5: 4(5)5(5) M abk – 6(6)7(7) M str (die 1. M ist bereits auf der Nd).
Reihe 6: Am Nacken 2 M abk – 4(4)5(5) M str (die 1. M ist bereits auf der Nd).
Reihe 7: Die letzten 4(4)5(5) M abk.

Die restlichen 25(26)27(28) M stilllegen.
Die Fäden abschneiden.

RECHTER ÄRMEL

Wie den linken Ärmel str, bis das Diagramm insg 11-mal gestrickt ist.
1 R str.
Für die Schulterschräge wie beim linken Ärmel abk, aber nun spiegelverkehrt.

VORDERTEIL

Von außen 40(40)45(45) M aus der rechten Seite der rechten Sattelschulter heraus str. An der Markierung beg.
44(46)48(50) M in Verlängerung der M auf der Nd anschl.
Aus der linken Seite der linken Sattelschulter auch 40(40)45(45) M heraus str.
Bei den stillgelegten M beg und an der Markierung enden = 124(126)138(140) M.

RAND:
Reihe 1 (RückR): 41(41)46(46) re – 4 li – 15(16)17(18) re – 4 li – 15(16)17(18) re – 4 li – 41(41)46(46) re.
Reihe 2: 1 re – 40(40)45(45) li – 4 re – 15(16)17(18) li – 4 re – 15(16)17(18) li – 4 re – 40(40)45(45) li – 1 re.
Reihe 3 mit Ab- und Zunahme: 1 re – 1 neue re – 38(38)43(43) re – 2 re verschr zus – 4 li – 15(16)17(18) re – 4 li – 15(16)17(18) re – 4 li – 2 re zus – 38(38)43(43) re – 1 neue re – 1 re.

MUSTER:
Reihe 1 (HinR): 1 re – 40(40)45(45) li – Diagramm – 40(40)45(45) li – 1 re.
Reihe 2 mit Ab- und Zunahme: 1 re – 1 neue re – 38(38)43(43) re – 2 re verschr zus – Diagramm – 2 re zus – 38(38)43(43) re – 1 neue re – 1 re.
Reihe 3: 1 re – 40(40)45(45) li – Diagramm – 40(40)45(45) li – 1 re.
Reihe 4 mit Ab- und Zunahme: 1 re – 1 neue re – 38(38)43(43) re – 2 re verschr zus – Diagramm – 2 re zus – 38(38)43(43) re – 1 neue re – 1 re.

Im Muster und mit den Ab- und Zunahmen weiter str, bis das Diagramm einmal gestrickt ist. Weitere 8 R laut Diagramm und mit Ab- und Zunahmen str.

Laut Diagramm weiter str und dabei in Verlängerung der folgenden HinR 2(4)2(4) neue M anschl = 126(130)140(144) M.
Die neuen M in den RückR re und in den HinR li str. Die äußerste M immer re str.

In der nächsten RückR keine Zun am Anfang und Ende der R str, jedoch die Abn wie bisher str. In Verlängerung der R 2(4)2(4) neue M anschl = 126(132)140(146) M.
An jede Seite eine Markierung setzen.

Wieder Zun am Anfang und Ende jeder RückR str. Auch die Abn wie bisher weiter str.
Es sind nun 42(44)47(49) M an jeder Seite des Diagramms.

Weiter str, bis das Diagramm 7-mal gestrickt ist. Nach einer RückR enden.

SCHRÄGER RAND

Nun den unteren Rand mit verkürzten Reihen etwas abrunden.
Laut Diagramm weiter str.
Reihe 1 (HinR): 122(128)136(141) M str.
Die letzten 4(4)4(5) M werden nicht gestrickt. Wenden.
Reihe 2: Verschr U. 36(38)41(42) re – 2 re verschr zus – 42(44)46(48) M im Muster str – 2 re zus – 36(38)41(42) re.
Die letzten 4(4)4(5) M werden nicht gestrickt. Wenden.
Reihe 3: Verschr U. 112(118)126(129) M str. Wenden.
Reihe 4: Verschr U. 31(33)36(36) re – 2 re verschr zus – 42(44)46(48) M im Muster – 2 re zus – 31(33)36(36) re. Wenden.
Reihe 5: Verschr U. 102(108)115(117) M str. Wenden.
Reihe 6: Verschr U. 26(28)30(30) re – 2 re verschr zus – 42(44)46(48) M im Muster – 2 re zus – 26(28)30(30) re. Wenden.

Reihe 7: Verschr U. 92(98)103(105) M str. Wenden.
Reihe 8: Verschr U. 21(23)24(24) re – 2 re verschr zus – 42(44)46(48) M im Muster – 2 re zus – 21(23)24(24) re. Wenden.
Reihe 9: Verschr U. 82(88)91(93) M str. Wenden.

Reihe 10: Verschr U. 16(18)18(18) re – 2 re verschr zus – 42(44)46(48) M im Muster – 2 re zus – 16(18)18(18) re. Wenden.
Reihe 11: Verschr U. 72(77)79(81) M str. Wenden.
Reihe 12: Verschr U. 11(12)12(12) re – 2 re verschr zus – 42(44)46(48) M im Muster – 2 re zus – 11(12)12(12) re. Wenden.

Reihe 13: Verschr U. 62(65)67(69) M str. Wenden.
Reihe 14: Verschr U. 6 re – 2 re verschr zus – 42(44)46(48) M im Muster – 2 re zus – 6 re. Wenden.
Reihe 15: Verschr U. 51(53)55(57) M str. Wenden.
Reihe 16: Verschr U. 2 re zus str – 42(44)46(48) M im Muster – 2 re zus – 1 neue M in Verlängerung der M anschl.
Die Fäden abschneiden.

RAND

A: 2 M auf Hilfsnd vor die Arbeit heben – 2 re str – die 2 M der Hilfsnd re str.

Zu Nd Nr. 3½ wechseln.
Die M auf der Rundnd verschieben, ohne sie zu stricken, und mit einer HinR an der rechten Seite beg.
Reihe 1 (HinR): 3(3)3(4) re str – die nächste M mit dem U re verschr zus str – 3(3)3(4) re str – die nächste M mit dem U re verschr zus str.
Weiterhin die U bis zum Muster zus str. Enden mit 1 re.
A str – 15(16)17(18) re – A – 15(16)17(18) re – A.
1 re str – den U mit der nächsten M re zus str – bis zum U str und auch diesen mit der nächsten M re zus str. Dies bis zum Ende der Reihe fortsetzen.

Reihe 2: 34(36)39(41) re – 4 li – 15(16)17(18) re – 4 li – 15(16)17(18) re – 4 li – 34(36)39(41) re.
Reihe 3 mit Zu- und Abnahme: 1 re – 1 neue re – 31(33)36(38) re – 2 re verschr zus – 42(44)46(48) re – 2 re zus – 31(33)36(38) re – 1 neue re – 1 re.
Reihe 4: Wie Reihe 2 str.
Reihe 5: 34(36)39(41) re – A – 15(16)17(18) re – A – 15(16)17(18) re – A – 34(36)39(41) re.

Weiterhin kraus rechts und mit Zöpfen in jeder 4. R str.
Die Zun- und Abnahmen in jeder 4. R wdh.
Weiter str, bis 4-mal Zöpfe gestrickt sind.
1 RückR str.
In der HinR abk.

NACKEN

44(46)48(50) M mit beiden Fäden und Nd Nr. 4 anschl.
Eine RückR str: 1 re – 4 li – 15(16)17(18) re – 4 li – 15(16)17(18) re – 4 li – 1 re.

12 R laut Diagramm str. An jeder Seite des Diagramms ist 1 M, diese in allen R re str.
Mit einer RückR enden.
Die Fäden abschneiden.

RÜCKEN

Von außen 40(40)45(45) M mit beiden Fäden und Nd Nr. 4 aus der rechten Seite der linken Sattelschulter heraus str. An der Markierung beg.
Laut der 13. Diagrammreihe über die 44(46)48(50) Nackenmaschen str.
Auch aus der linken Seite der rechten Sattelschulter von außen 40(40)45(45) M heraus str. Bei den stillgelegten M beg und an der Markierung enden = 124(126)138(140) M.

Reihe 1 (RückR): 41(41)46(46) re – 14. Diagrammreihe – 41(41)46(46) re.
Reihe 2: 1 re – 40(40)45(45) li – 15. Diagrammreihe – 40(40)45(45) li – 1 re.
Reihe 3 mit Ab- und Zunahme: 1 re – 1 neue re – 38(38)43(43) re – 2 re verschr zus – 16. Diagrammreihe – 2 re zus – 38(38)43(43) re – 1 neue re – 1 re.

Wie am Vorderteil str.
Das Diagramm und die Ab- und Zunahmen wie am Vorderteil str, bis das Diagramm insg 8-mal gestrickt ist.
Mit einer RückR enden.

DIE UNTERE SCHRÄGE und den RAND wie am Vorderteil str.

HALSRAND

Die Nackenseiten an die 12(13)14(15) abgeketteten Ärmelmaschen nähen.
Die 25(26)27(28) Ärmelmaschen wieder auf die Nd heben.

Mit beiden Fäden und Nd Nr. 3½ str.
Am linken Ärmel beginnen:
25(26)27(28) re str – 44(46)48(50) M entlang des Vorderteils heraus str – die 25(26)27(28) M des rechten Ärmels re str – 8(9)10(11) M aus den abgeketteten M des rechten Ärmels str – 44(46)48(50) M entlang des Rückens heraus str – 8(9)10(11) M aus den abgeketteten M des linken Ärmels str = 154(162)170(178) M.

Wenden, in Reihen hin und her str.

Reihe 1 (RückR): 9(10)11(12) re – 4 li – 15(16)17(18) re – 4 li – 15(16)17(18) re – 4 li – 10(11)12(13) re – 4 li – 15(16)17(18) re – 4 li – 2 re – 4 li – 15(16)17(18) re – 4 li – 15(16)17(18) re – 4 li – 2 re – 4 li – 15(16)17(18) re – 4 li – 1 re.

Reihe 2: 1 re – A – 13(14)15(16) re – 2 re verschr zus – A – 2 re – A – 2 re zus – 13(14)15(16) re – A – 13(14)15(16) re – 2 re verschr zus – A – 2 re – A – 2 re zus – 13(14)15(16) re – A – 8(9)10(11) re – 2 re verschr zus - A – 2 re zus – 13(14)15(16) re – A – 13(14)15(16) re – 2 re verschr zus – A – 2 re zus – 7(8)9(10) re = 146(154)162(170) M.

Reihe 3: 8(9)10(11) re – 4 li – 14(15)16(17) re – 4 li – 14(15)16(17) re – 4 li – 9(10)11(12) re – 4 li – 14(15)16(17) re – 4 li – 2 re – 4 li – 14(15)16(17) re – 4 li – 14(15)16(17) re – 4 li – 2 re – 4 li – 14(15)16(17) re – 4 li – 1 re.

Kraus rechts und mit Zöpfen in jeder 4. R weiter str.
Weiterhin die Abn zwischen Körper und Ärmel in jeder 2. R str.
Weiter str, bis die Zöpfe 2-mal gestrickt sind.
1 RückR im Muster str.
In einer HinR abk.

FERTIGSTELLUNG

Die Seitennähte des Körpers zusammennähen.
Vor dem Einnähen die Ärmel mit Nadeln in den Armausschnitt heften. Von außen einnähen.
Die Ärmelnähte zusammennähen.
Den kleinen Schlitz am Halsrand zusammennähen.
Die Fäden vernähen.

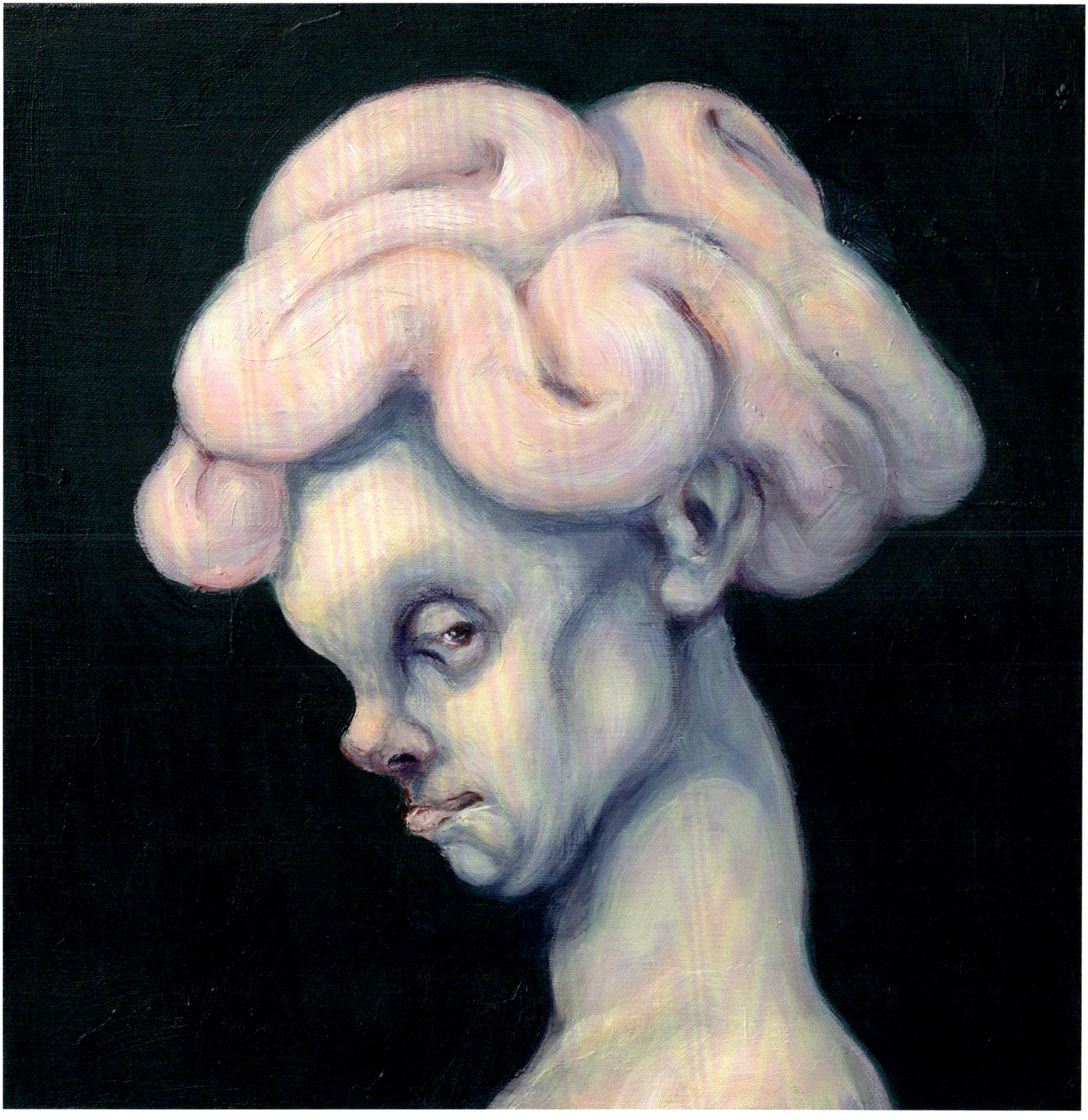